# 60秒變身
## 60-Second Genius
## History

# 歷史小天才

1分鐘
掌握重點
知識！

敘述簡單扼要，圖解清晰易懂，學習變得有趣又快速！

強·理查茲 Jon Richards 著

洪夏天 譯

商周教育館 58
# 60 秒變身歷史小天才

**作者**—— 強·理查茲 （Jon Richards）
**譯者**—— 洪夏天
**企劃選書**—— 羅珮芳
**責任編輯**—— 羅珮芳
**版權**—— 吳亭儀、江欣瑜
**行銷業務**—— 周佑潔、黃崇華
**總編輯**—— 黃靖卉
**總經理**—— 彭之琬
**事業群總經理**—— 黃淑貞

**發行人**—— 何飛鵬
**法律顧問**—— 元禾法律事務所王子文律師
**出版**—— 商周出版
台北市 104 民生東路二段 141 號 9 樓
電話：(02) 25007008・傳真：(02)25007759
**發行**—— 英屬蓋曼群島商家庭傳媒股份有限公司城邦分公司
台北市中山區民生東路二段 141 號 2 樓
書虫客服服務專線：02-25007718；25007719
服務時間：週一至週五上午 09:30-12:00；下午 13:30-17:00
24 小時傳真專線：02-25001990；25001991
劃撥帳號：19863813；戶名：書虫股份有限公司
讀者服務信箱：service@readingclub.com.tw
城邦讀書花園：www.cite.com.tw
**香港發行所**—— 城邦（香港）出版集團
香港灣仔駱克道 193 號東超商業中心 1F
電話：(852) 25086231・傳真：(852) 25789337
E-mail: hkcite@biznetvigator.com
**馬新發行所**—— 城邦（馬新）出版集團【Cite (M) Sdn Bhd】
41, Jalan Radin Anum, Bandar Baru Sri Petaling,
57000 Kuala Lumpur, Malaysia.
電話：(603) 90578822・傳真：(603) 90576622
Email: cite@cite.com.my

**封面設計**—— 林曉涵
**內頁排版**—— 陳健美
**印刷**—— 韋懋實業有限公司
**經銷**—— 聯合發行股份有限公司
電話：(02)2917-8022・傳真：(02)2911-0053
地址：新北市 231 新店區寶橋路 235 巷 6 弄 6 號 2 樓

**初版**—— 2022 年 8 月 4 日初版
**定價**—— 450 元
**ISBN**—— 978-626-318-329-2

國家圖書館出版品預行編目 (CIP) 資料

60 秒變身歷史小天才／強·里查茲（Jon Richards）著；
洪夏天譯 . -- 初版 . -- 臺北市：商周出版：英屬蓋曼群島
商家庭傳媒股份有限公司城邦分公司發行 , 2022.08
面； 公分 . --（商周教育館；58）
譯自：60-Second Genius: History
ISBN 978-626-318-329-2（精裝）
1.CST：歷史 2.CST: 通俗作品

711                                  111008842

線上版回函卡

60秒變身

歷史小天才

# 目錄

*每看完一個主題就打個勾勾。數一數，你總共挑戰完幾個主題了呢？

| 第一章 | 第二章 | 第三章 |
|---|---|---|
|  |  |  |
| **石器時代** | **古文明** | **中世紀** |

## 第四章

### 近代

## 第五章

### 今日世界

# 歷史是什麼？

歷史說的就是人們如何在地球上演化，並且散布到世上幾乎所有角落，接著各自發展成眾多族群與社會的故事。數千年來，這些族群歷經興衰，有的甚至完全消失，或是與不同族群有所接觸，時而發生激烈衝突，時而帶來災難性的後果。

因此，我們通常只能知道其中一方，也就是贏家所寫下的歷史。揭開那些戰敗者的歷史，通常需要仰賴考古學家與歷史學家辛苦的考察與研究，但唯有如此，我們才能夠同時了解雙方的故事，了解我們的世界。

# 石器時代

# 人類的演化

35億年前地球首次出現生命，從單細胞生物開始，演化出今日複雜繁多的物種。然而，直到30萬年前，現代人類才開始漫步於地球。

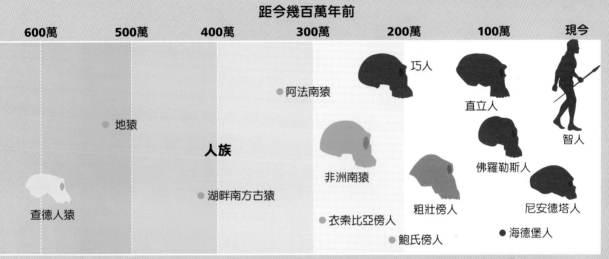

距今幾百萬年前

600萬　500萬　400萬　300萬　200萬　100萬　現今

巧人

阿法南猿

直立人

地猿

智人

人族

非洲南猿

佛羅勒斯人

湖畔南方古猿

衣索比亞傍人

粗壯傍人

尼安德塔人

查德人猿

鮑氏傍人

海德堡人

## 從人猿到人

約莫500~600萬年前，與人猿相似的動物演化為人族，也就是人類最早的祖先。人猿有時會用雙腳行走，並且活用雙手與關節，但早期的人族很快就發展成只用雙腳行走。

### 時間軸

5,500萬年前：靈長目動物首次出現。
800~600萬年前：大猩猩首次出現。
400萬年前：南方古猿首次出現。
320萬年前：阿法南猿露西在現今的衣索比亞生活。
250萬年前：巧人出現。
180~150萬年前：直立人出現。
315,000年前：智人出現。
230,000年前：尼安德塔人散布歐洲各地。
108,000年前：直立人消失。

## 用雙腿走路的露西

近50年前，科學家發現一個稱為「阿法南猿」的全新物種，牠們是人類祖先。其中一個在衣索比亞發現的骨骼標本被暱稱為「露西」，我們也在坦尚尼亞發現牠們的腳印，顯示這些古老的人類祖先是最早站直身體，仰賴雙腿行走的物種之一。

露西之名來自披頭四樂團的名曲＜露西在鑲了鑽石的天空中＞，科學家在遠征非洲考古期間，常播放這首歌曲。

30多萬年前，現代人類首次出現於非洲；又過了10萬年，他們才開始前往世界各地。科學家藉由在數百個地點找到的各種證據，追溯人類行蹤，並找出人類抵達地球各地區的時間點。

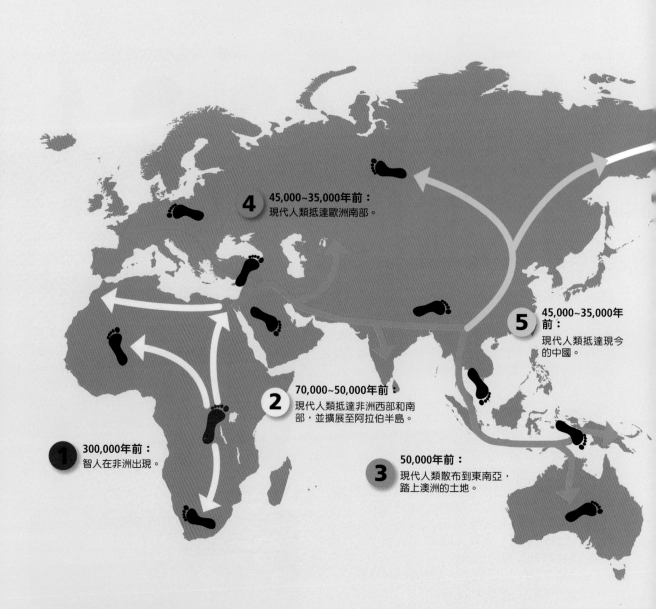

**4** 45,000~35,000年前：
現代人類抵達歐洲南部。

**5** 45,000~35,000年前：
現代人類抵達現今的中國。

**2** 70,000~50,000年前：
現代人類抵達非洲西部和南部，並擴展至阿拉伯半島。

**1** 300,000年前：
智人在非洲出現。

**3** 50,000年前：
現代人類散布到東南亞，踏上澳洲的土地。

## 陸橋

地球曾經歷數段冰河時期，當時氣溫下降，大量的水凍結成冰層，海平面跟著下降，各陸塊之間出現陸橋。約20,000年前，海平面比現在足足低了120公尺（超過自由女神像的高度），亞洲和美洲之間出現一座陸橋，橫跨現今的白令海。

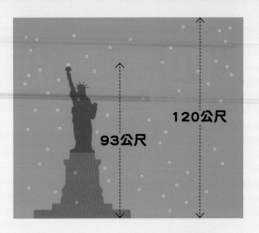

120公尺

93公尺

**6** **20,000年前：**
人類踏上北美洲。

## 矮小的人類

科學家在印尼佛羅勒斯島，發現一種早期人類的蹤跡，證據顯示他們存在於50,000年前。佛羅勒斯人被暱稱為「哈比人」，身高只有1公尺，會獵捕當時島上的小型象和大型齧齒動物。

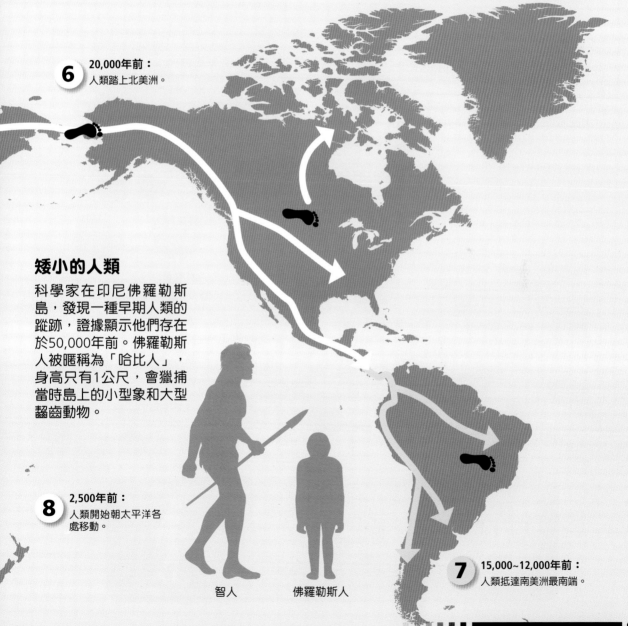

**8** **2,500年前：**
人類開始朝太平洋各處移動。

智人　　　　佛羅勒斯人

**7** **15,000~12,000年前：**
人類抵達南美洲最南端。

# 四處遷徙

史前人類通常不會在一地居留太久。他們採集當地可食的植物，獵捕在附近棲息的動物。等到這些可供食用的動植物數量變少，他們就會遷徙到另一個地區。

## 採集食物

史前人類的食物，大部分都是植物的塊莖、水果、種子和堅果類。除此之外，人類也會吃從野生蜂巢取得的蜂蜜，和從鳥巢偷來的鳥蛋。

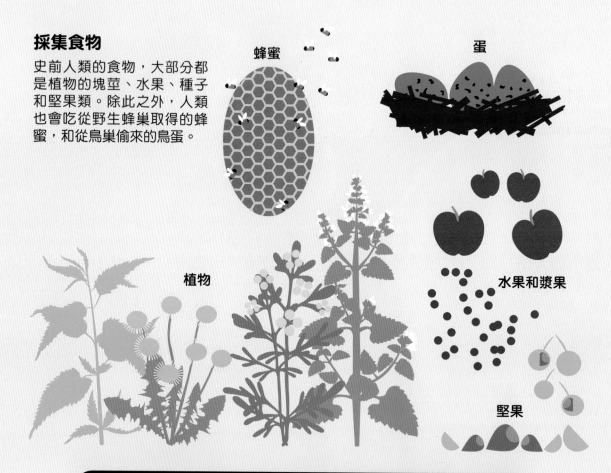

蜂蜜

蛋

植物

水果和漿果

堅果

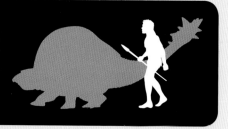

早期人類的狩獵技巧非常高明，造成數種動物滅絕，比如南美洲的雕齒獸。牠是一種體型跟牛差不多大，身上有殼的哺乳動物。

## 狩獵和捕魚

許多早期人類會跟著動物一起遷徙到不同地方，獵捕牠們為食。史前人類會團隊合作，用各種方法追蹤和捕捉獵物。比如，他們會鎖定追逐年老或生病的動物，直到牠們累得跑不動，或者把動物引導到沼澤中，以便輕鬆殺死受困的動物。此外，人類也會追趕長毛象和麋鹿等大型動物，讓牠們摔落懸崖。

人類約在**80萬年**前學會用火，開始用火加熱捕捉或採集到的食物。

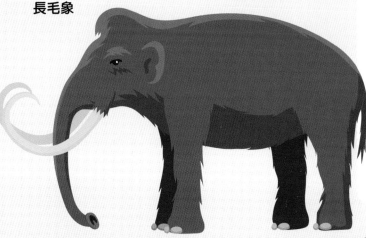

麋鹿

長毛象

### 原始居所

早期人族約從200萬年前就會建造遮風避雨的居所。最古老的遺跡顯示，他們用石頭固定樹枝來搭建棲身的處所，有時寬度達15公尺。

## 用長毛象骨搭建居所

位於烏克蘭的遺跡顯示，約在15,000年前，住在那兒的人類曾使用長毛象的骨頭搭建居所。長毛象是一種渾身都是長毛、如象一般的大型動物，人類主要獵捕牠們為食，後來發現只要把牠們巨大的骨頭堆疊起來，就會形成大圓頂，再從外面蓋上毛皮，就能讓裡面保持溫暖乾燥。

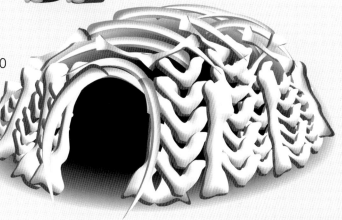

# 石器時代的工具

人類開始利用石頭製成工具和武器的時代，稱為「石器時代」。石器時代涵蓋了人族首次在非洲出現，接著擴展到全球各處，開始定居，建立最早的村鎮與城市的漫長歲月。

## 石器時代

石器時代共分成三個時期：

### 舊石器時代

約從330萬年前開始，此時人類開始製作最原始的石製器具。

### 中石器時代

約從1萬年前開始，最後一次冰河時期剛結束。

### 新石器時代

約為8,000~4,000年前，人類開始定居生活，耕種土地，使用金屬製作的器具。

## 原始的石製器具

最早的石製器具只比大石頭大一點，用來敲開種子和骨頭。這些大石頭稱為石錘，人類也用它將石頭敲出碎片，讓側邊出現銳角，就可以用來切割東西，稱為切割石。有些薄石片也很銳利，可用來做比較精細的工作。

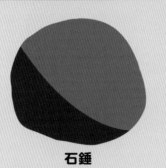

石錘

敲擊燧石等石頭，劈出尖銳的薄石片。

銳角

切割石

薄石片

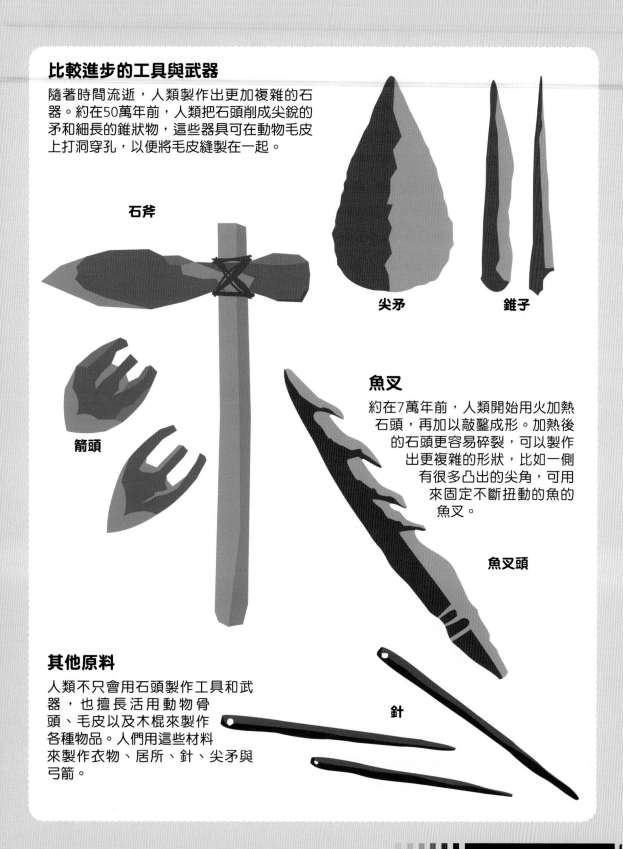

## 比較進步的工具與武器

隨著時間流逝，人類製作出更加複雜的石器。約在50萬年前，人類把石頭削成尖銳的矛和細長的錐狀物，這些器具可在動物毛皮上打洞穿孔，以便將毛皮縫製在一起。

**石斧**

**尖矛**

**錐子**

**箭頭**

## 魚叉

約在7萬年前，人類開始用火加熱石頭，再加以敲鑿成形。加熱後的石頭更容易碎裂，可以製作出更複雜的形狀，比如一側有很多凸出的尖角，可用來固定不斷扭動的魚的魚叉。

**魚叉頭**

## 其他原料

人類不只會用石頭製作工具和武器，也擅長活用動物骨頭、毛皮以及木棍來製作各種物品。人們用這些材料來製作衣物、居所、針、尖矛與弓箭。

**針**

# 石器時代的藝術

石器時代的生活，並不只是場生存戰鬥。史前人類也會找時間發展藝術與手工藝，點綴居住的洞穴，製作精細的鏤刻和雕像。

### 洞穴繪畫

石器時代的人類留下很多洞穴繪畫，多半呈現他們獵捕的動物及狩獵過程。法國的拉斯科洞窟擁有世上規模最大且最為知名的洞穴繪畫之一，共有600幅獨立壁畫，呈現了多達6,000個圖形，有人類、動物，也有數個已經滅絕的物種，比如體形龐大的巨角鹿。

### 雕刻

石器時代的人類會在各種物品上進行平面和立體雕刻，特別是象牙、骨頭和石頭。

這些雕刻品就像畫作一樣，呈現各種人與動物的形象。現存最古老的作品約有40,000年的歷史。

世上最古老的岩石藝術，是印尼蘇拉威西的一幅豬壁畫，約有**45,500**年的歷史。

炭

氧化鐵

黃赭石

## 石器時代的顏料

史前時代的人類使用天然原料製作出各種紅、褐、黃、黑等顏色。這些原料包括炭、黃赭石和氧化鐵。人類把它們與口水、水和動物脂肪混和，做成糊狀的顏料。

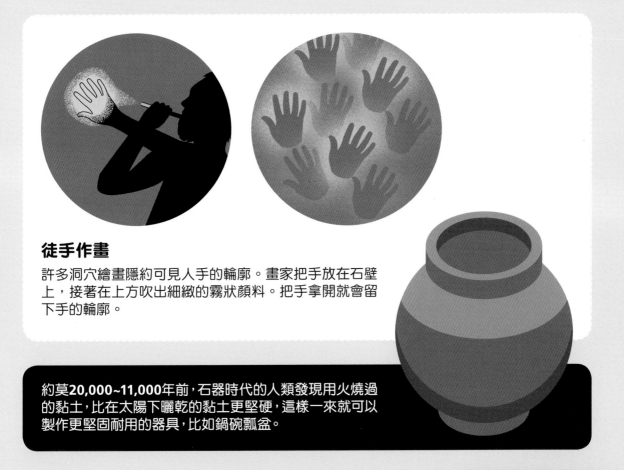

## 徒手作畫

許多洞穴繪畫隱約可見人手的輪廓。畫家把手放在石壁上，接著在上方吹出細緻的霧狀顏料。把手拿開就會留下手的輪廓。

約莫20,000~11,000年前，石器時代的人類發現用火燒過的黏土，比在太陽下曬乾的黏土更堅硬，這樣一來就可以製作更堅固耐用的器具，比如鍋碗瓢盆。

# 農牧業的起點

農牧業的發展代表人類有了穩定可靠的食物來源。人類生活就此改變，讓世界人口得以不斷成長，從**10,000**年前約莫**500**萬人，到今天已超過**75**億人。

## 馴化動物

**15,000年前**
人類用狗狩獵（亞洲和其他地區）。

**11,000年前**
人類養羊，食用羊肉和羊奶，利用羊毛（中東）。

**10,000年前**
人類養豬，食用豬肉（中東，中國可能也有）。

**10,000年前**
人類養牛，食用牛肉和牛奶，利用牛皮（中東）。

### 選擇適合的作物

早期人類採集植物為食，同時也注意到有些植物的種子和果實非常美味且產量豐富。人類收集這些植物的種子，開始種植並生產這些產量最大的植物。人類學習如何照顧這些植物，確保它們成長茁壯，好產生更多的種子，種出一代又一代的植物。隨著時間流逝，人類得以將這些植物的產量最大化，得到第一次豐收。

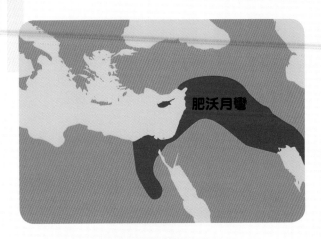

### 農牧業最早出現在哪裡？

隨著人類順應各地氣候與地形，馴養各種動植物，農牧業逐漸蓬勃發展。中東的肥沃月彎是一個橫跨現今伊拉克、敘利亞、以色列、巴勒斯坦和埃及的彎曲地帶，早在11,500年前，人類就在這兒種植穀物和果樹。約在10,000年前，位於現今墨西哥的人們開始種植南瓜屬植物，且在9,000年前開始種植類似玉米的作物。約在9,400年，住在中國東部地區的人們開始種植水稻。

**8,000年前**
人類養印度牛，食用印度牛的肉和奶，利用牛皮（巴基斯坦）。

**6,500年前**
人類養駱馬，食用駱馬肉，利用駱馬毛（秘魯）。

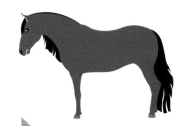

**6,000年前**
人類養馬，食用馬肉，並以牠們為交通工具（中亞）。

### 不斷改變的生活

人類耕種植物和豢養動物後，再也不用為了尋找食物從一地搬到另一地，只要你耕種、養殖你要吃的食物，就不用擔心食物會吃光。這代表人類可以定居在一個地方，建立更堅固的長期住所和家園，最早期的村鎮與城市就此誕生。

人類約在**5,000年**前發明最原始的犁。這些原始農具只用幾根棍子製成，人們將犁套在牛隻身上來耕田。

## 第二章

# 古文明

# 最早的城市

隨著農牧技術不斷進步，人類得以群居生活，形成愈來愈大的聚落。村莊變成市鎮，又擴大為都市，散布於世界各地。

**幾座最古老城市的位置**

阿勒坡

地中海　　比布洛斯

大馬士革　　肥沃月彎

耶利哥

法尤姆

## 中東

世上最古老的城市中，有好幾座都位在中東的肥沃月彎，許多至今仍是人口眾多的城市，比如耶利哥、大馬士革、比布洛斯、阿勒坡和法尤姆，它們約在10,000~7,000年前建城。

許多歷史學家認為，約旦河西岸的耶利哥是世上最古老的城市，約有**10,000~11,000**年的歷史。《聖經》一書提到，耶利哥的厚重城牆遭敵人響亮的號角聲摧毀。

## 印度河谷文明

5,000多年前，印度河谷文明（見26頁）出現兩座主要城市：摩亨約－達羅和哈拉帕，它們都位在現今的巴基斯坦境內。

其他早期城市多半從較小的市鎮慢慢擴張而成，但這兩座城市似乎經過仔細規畫，有網格狀的街道和寬闊的大道，泥磚建造的屋子組成了方型街區。

這兩座城市最繁榮的時期，摩亨約－達羅約有**40,000**人口，哈拉帕則有**25,000**人口。

## 中國

洛陽約在西元前2000年建城，被視為中國文化的發源地。許多中國朝代以洛陽為首都，這兒也是絲路的重要城市。絲路是橫跨歐亞兩州的貿易之路。

摩亨約－達羅遺址內，有座祭司王的古老石像。

史前人類建立最初期的城市後，沒多久就發展出從礦石中提取金屬的技術。他們利用這些新原料製作出更堅固耐用的工具和武器。

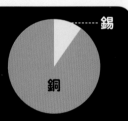

青銅是由兩種金屬組成，比例約莫是**90%**的銅與**10%**的錫。

錫

銅

## 青銅的普及

人類最早使用的金屬是銅，但銅質地較軟，不適合用來製作工具與武器。人類很快就發現，混合銅與錫就能製成更堅固的青銅，這也是為什麼我們把石器時代接下來的階段稱為青銅器時代。約莫8,000多年前，住在現今土耳其地區的人們開始用青銅製作器具，這種技術先傳到歐洲東南部的一些地區，並在接下來的3,000年間傳遍世界各地。

圖說：

西元前5800~5000年

西元前5000~4000年

西元前4000~3500年

西元前3500~3000年

西元前3000~2500年

西元前2500~2000年

## 最早的國家

隨著許多城市擴張勢力版圖，青銅器時代出現了最原始的國家。這些國家透過貿易、旅遊與戰爭等形式互動。

## 青銅器時代的科技

此時出現了幾項非常重要的科技發展。5,500年前，美索不達米亞人（見24~25頁）發明了輪子。工匠一開始用輪子來製作陶器，但在接下來的300~500年間，人們把它運用在交通運輸上。第一個文字書寫系統也出現於青銅器時代。

最早製作青銅的地方

## 鐵的誕生

鐵比青銅更加堅固，但人們必須用更高的溫度才能將鐵熔化（攝氏1,538度）。直到西元前1200年，人類才建造出可以達到熔鐵所需高溫的窯爐。在鐵器時代初期，許多青銅器時代的文明逐漸衰落或消失，有的是因為天災，有的則是遭到游牧民族侵略，或是國內發生動亂。

人類開始建立城市後，最早期的王國也隨之出現，並且將勢力擴張至鄰近的聚落和地區。這些王國位在美索不達米亞地區，也就是現今的伊拉克、科威特、土耳其和敘利亞一帶。

底格里斯河

**美索不達米亞**

幼發拉底河

「美索不達米亞」的希臘文意為「兩河之間」，指底格里斯河和幼發拉底河之間的地區。

## 蘇美文明崛起

蘇美人原住在美索不達米亞南部，但他們的勢力漸漸擴及整個地區，在西元前3000年建立王國。他們的領土由許多城邦組成，像是烏魯克、烏爾、基什、埃里都、尼普爾和拉格什。

## 蘇美文明的科技

蘇美人發明了數項關鍵科技，其中包括陶器的大量生產技術，陶器可用來長期儲存食物。他們也發展出複雜的灌溉系統，增加作物收成。除此之外，蘇美文明的成就還包括發明雙輪馬車、可製造大量布匹的紡織機，以及建立複雜的算術系統和數學。

蘇美人的雙輪馬車

## 最古老的文字

蘇美文明約在西元前4000年發展出最早的文字系統。這是一種楔形文字，藉由將楔子壓在黏土上，留下各種三角形印記。蘇美人最初利用這套系統統計貨物和金錢，但很快便將它用來書寫故事和歌曲。

一般公認史詩《吉爾伽美什》是世上最古老的文學作品。它約在4,500年前完成，講述蘇美國王吉爾伽美什的冒險故事。

## 薩爾貢和阿卡德人

西元前2334年，阿卡德人在薩爾貢大帝的帶領下，征服了蘇美人，統治美索不達米亞地區。薩爾貢將阿卡德帝國國界往北擴張至現今的敘利亞，歷史學家認為阿卡德是人類史上第一個帝國，由中央集權的政府控制一個文化多元的廣大地區。

阿卡德統治者薩爾貢大帝的石製頭像

## 塔廟

蘇美人和阿卡德人在建築營造領域有長足的發展。大型塔廟或許算是他們最令人驚豔的建築，這是一種整體呈金字塔狀的建築，基座為方形，以階梯狀向上堆疊，設有許多高台，可高達50公尺。

# 印度河谷文明

約**5,500**年前，有個文明出現在印度河岸，也就是現在的巴基斯坦和印度北部一帶。它涵蓋相當廣闊的地區，控制多達**1,400**個鄉鎮與城市，維持了近**1,500**年。

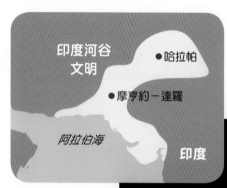

印度河谷
文明

●哈拉帕

●摩亨約－達羅

阿拉伯海

印度

## 經過仔細規畫的城鎮

這兒的城市似乎經過仔細規畫。主要街道足以供兩輛車交會行駛，也設有帶走廢棄物的排水溝。有些城鎮建了高高的防禦城牆，城鎮中央則有一大塊高地，可能是祭司或統治者的住處。

許多住家有平坦的屋頂，可用來當作額外的空間使用。天氣炎熱的夜晚，人們會睡在屋頂上。比較大的房屋則有露天庭院。

遺跡上的動物腳印顯示住在這裡的人豢養動物，除了作為食物，也有陪伴用的寵物。這些動物包括狗、羊、豬和猴子。孩子會玩各種遊戲，有些歷史學家認為，骰子就是這裡的人所發明。

## 文字與科技

印度河谷文明所使用的文字系統有超過400種不同符號，但現今無人能夠讀懂。考古學家找到數千個黏土製小板，上面有許多符號，可能是印章或戳記，用來標示物品歸何人所有。

## 印度河谷文明的沒落

到了西元前1700年左右，印度河谷文明的城市都已荒廢。歷史學家認為，這些城市變得太過擁擠，再加上一連串的事件，最終造成印度河谷文明滅亡。美索不達米亞的動亂切斷了兩地間的貿易路徑，人們因此變得窮困。來自北方的侵略者可能發動了戰爭。有些人認為，氣候變遷造成這時期部分的印度河乾涸，讓整個地區陷入飢荒。

寫了印度符號和畫了大象的泥板

# 米諾斯文明

約西元前**3000~1400**年間，克里特島上的米諾斯文明蓬勃發展。這兒是地中海貿易的重鎮，米諾斯人經由海上往來各國之間運輸貨品，變得非常富有。

## 貿易

米諾斯人的影響力擴及整個地中海，他們的商船載著羊毛、木材、陶瓷、銅和錫，與附近的城市和國家貿易。他們有強大的海軍保護海上貿易，並藉由商路往來於埃及、敘利亞、希臘本土，甚至前往西邊的義大利和西西里島。

克諾索斯

**克里特**

地中海

## 克諾索斯

米諾斯人因貿易變得非常富有，甚至曾為他們的統治者建造廣闊的宮殿。克諾索斯的王宮最為知名，這座巨大建築共有1,300個房間，也設有劇場、儲藏室，還有色彩鮮豔的彩繪牆面。

## 米諾陶洛斯

根據神話，克諾索斯的宮殿裡有座複雜的迷宮，裡面有一頭半人半牛的巨大怪物「米諾陶洛斯」。在米諾斯的信仰與生活中，公牛似乎扮演了重要角色，有些壁畫中描繪了運動員參與一種奇特競賽，他們必須躲開狂奔而來的牛隻，避免遭牛角刺傷。

畫著魚和海豚的米諾斯壁畫

根據希臘神話，英雄特修斯殺死了米諾陶洛斯。

## 因嚴重天災而滅亡？

約在西元前1600年前，克里特島北方約110公里的錫拉島（今聖托里尼島）發生激烈的火山爆發。歷史學家認為這場火山爆發造成兩種可能後果：一是火山灰覆蓋了大部分的克里特島，摧毀土地，引發飢荒；二是火山爆發引起海嘯，摧毀了島上許多城鎮，最終導致米諾斯文明衰亡。不過，近年研究指出，火山爆發後，米諾斯文明仍延續了數個世代。也許西元前1400年的外族侵略事件，才是造成米諾斯文明滅亡的主因。

# 巴比倫尼亞

巴比倫尼亞帝國的中心，位在今巴格達南方的古城巴比倫。巴比倫尼亞是古美索不達米亞地區最廣大的帝國之一，領土東起波斯灣，西抵地中海。

## 空中花園

巴比倫的空中花園由許多種滿植物的高台、水池、瀑布和溪流組成。它的美令人嘆為觀止，人們把它列為古代世界七大奇蹟之一，與吉沙的金字塔和埃及亞歷山大港的燈塔齊名。

### 巴別塔

巴別塔也位在巴比倫。《聖經》提到，巴比倫人打算建造一座直達天堂的高塔。此舉激怒了上帝，祂因此摧毀了巴別塔，把人們趕到世界各地，讓世人都說著不同語言，再也無法了解彼此。

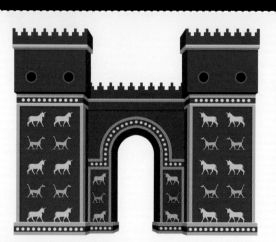

## 城牆與伊師塔門

根據希臘歷史學家的紀錄，巴比倫城的面積為520平方公里，由3座高達12公尺的城牆包圍，這些城牆非常厚實，城牆上甚至可供馬車競賽。伊師塔門是主要入口，這座寬敞大門設有防禦高塔，上面鋪了裝飾用的藍色磚塊，磚上繪有龍、公牛、獅子等圖樣。

## 漢摩拉比和他的法典

西元前1792年，漢摩拉比成為巴比倫尼亞國王，進一步統治美索不達米亞。他最知名的事蹟，就是建立全帝國通用的法令《漢摩拉比法典》。法典共有282條法律，刻在粗大的黑色石柱上，讓每個人都能夠閱讀。他在西元前1750年逝世後，帝國四分五裂，巴比倫尼亞只剩下一小部分的領土，並延續了1,000多年。

尼布甲尼撒夢見一座由金屬和岩石打造的巨像。

## 新巴比倫帝國

西元前626年，巴比倫再度興盛，在打敗亞述人後，成為這一帶最強大的帝國。在尼布甲尼撒二世（西元前605~561年）的統治下，新巴比倫的領土向西擴張到埃及，而巴比倫城經過一番重建，充滿了美麗的建築與雕像。在《聖經》中，尼布甲尼撒夢到一座由金屬和岩石做成的巨人像。服伺尼布甲尼撒的但以理認為，這個夢境講述的是一個以巴比倫王國為始，關於四個偉大王國的故事。

## 巴比倫的沒落

可惜巴比倫尼亞的復興為期短暫。西元前539年，由居魯士大帝統治的波斯帝國征服了這個地區，巴比倫和整個巴比倫尼亞都被納入波斯帝國的領土。

# 古埃及

埃及帝國統治尼羅河兩岸超過**3,000**年,影響力擴及整個地中海,伸入中東地區。

## 尼羅河

尼羅河對居住在兩岸的人們來說非常重要。尼羅河每年都會氾濫,附近的土地遭河水淹沒,讓肥沃的土壤沉積下來,下一年的作物就會長得很好。古埃及人在這片沃土上種植各種作物,包括小麥、亞麻、紙莎草、葡萄和椰棗。

## 統一兩個王國

西元前3100年之前,埃及分為兩個王國:位於尼羅河三角洲的下埃及,尼羅河在此沉積後再流入地中海;以及控制南方地區的上埃及。國王那爾邁(也稱為美尼斯)統一兩個王國,建立古埃及王國,進入早王朝時期。

埃及帝國全盛時期的領土

下埃及

上埃及

尼羅河

## 埃及的信仰

古埃及信仰有數名不同神祇,每位神祇都負責掌管不同的事務。有著胡狼頭的阿努比斯負責審判死者。如果他們的心臟比羽毛輕,就能在死後世界得到永生;如果比羽毛重,就會被惡魔阿米特吃掉。

**死神阿努比斯**
有著胡狼頭

**太陽神阿蒙·拉**
有著鷹頭

**智慧之神托特**
有著朱鷺頭

**守護神索貝克**
有著鱷魚頭

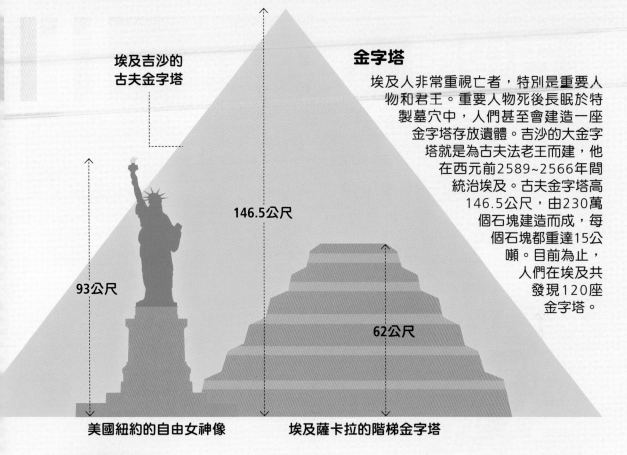

埃及吉沙的
古夫金字塔

## 金字塔

埃及人非常重視亡者，特別是重要人物和君王。重要人物死後長眠於特製墓穴中，人們甚至會建造一座金字塔存放遺體。吉沙的大金字塔就是為古夫法老王而建，他在西元前2589~2566年間統治埃及。古夫金字塔高146.5公尺，由230萬個石塊建造而成，每個石塊都重達15公噸。目前為止，人們在埃及共發現120座金字塔。

146.5公尺

93公尺

62公尺

美國紐約的自由女神像　　　　埃及薩卡拉的階梯金字塔

## 象形文字

埃及使用許多小圖代表文字、聲音和字母，形成獨特的書寫系統。人們在莎草紙上寫下這些象形文字，也用它們來裝飾神廟、宮殿和墓穴牆面。

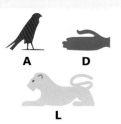

A　　D

L

## 法老

埃及帝國由法老統治，人民視法老為神祇。歷史上約有170名法老，分為30個家族或王朝。

pharaoh（法老）一字原指「王宮」。

## 埃及帝國的沒落

西元前332年，馬其頓國王亞歷山大大帝征服了埃及。亞歷山大旗下的將軍托勒密一世，在埃及建立了自己的法老式王朝。這個王朝的最後一名統治者是克麗奧佩脫拉七世，她在自己的軍隊遭羅馬帝國打敗後便自殺了。自此之後，埃及便納入羅馬帝國的領土。

## 時間軸

西元前3100~2686年：早王朝時期
西元前2686~2181年：古王國時期
西元前2181~2055年：第一中間期
西元前2055~1650年：中王國時期
西元前1650~1550年：第二中間期
西元前1550~1069年：新王國時間
西元前1069~664年：第三中間期
西元前664~332年：晚期
西元前332~30年：馬其頓王國統治埃及
　　　　　　　　與托勒密王朝

4,000多年前，黃河河谷出現最早的中國文明，當地的土壤非常肥沃且利於耕種。自此之後，這個地區先後受到一連串朝代的君主統治。

中國的英文China來自秦國的「秦」字（發音為Chin）。

## 早期王朝

商朝是中國最早的王朝，從西元前1600年左右崛起，直到西元前1046年才終結，期間長達500多年。商朝的青銅製作技術非常精湛。接著周朝取代商朝，在西元前1046~256年間持續擴張古中國的領土與影響力。但是，隨著各地區的諸侯權力愈來愈大，周朝就此沒落，進入群雄爭霸的時期。在這些爭相較勁的諸侯國中，有名諸侯掌握勢力並統一各地，開啟第一個中國帝國。

秦始皇

## 第一位皇帝

秦始皇於西元前246年登上秦國王位，決心征服其他地區。西元前221年，他成功統一各地，成為第一個中國皇帝。他在位期間短暫，作風嚴厲，並大幅擴張中國領土。

## 中國長城

秦朝前數百年間，人們陸續建造許多防禦城牆，但直到秦始皇即位，他才下令興建一座新的長牆，好抵禦來自北方的侵略者。數十萬人被迫參與建築工事，這座城牆後來就是人們所知的中國長城。當時的工人苦不堪言，根據一些文獻記載，有多達數十萬名的工人在建造過程中喪命。

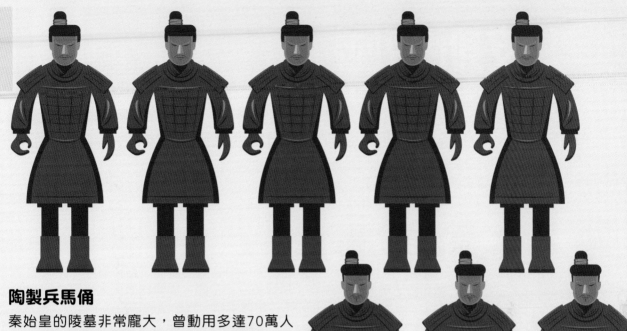

## 陶製兵馬俑

秦始皇的陵墓非常龐大，曾動用多達70萬人力，耗時38年才完成。為了保護皇帝遺體，工匠用陶土製作了一小支由真人大小的兵士組成的軍隊。目前已發現超過7,500尊兵馬俑，每個人俑都有獨特的樣貌，有軍官也有步兵，還有馬匹和馬車。

### 漢朝（西元前206~西元220年）

秦始皇過世後不久，漢朝建立歷時400多年的新政權，在文化與科學領域都大有進展，包括發明船舵、數學的負數和測量地震的地震儀。約在西元100年左右，漢朝發明了紙。早期的紙用碎布製成，但很快就改用樹皮和竹子等植物原料製作。

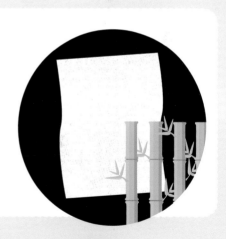

# 波斯帝國

在居魯士大帝統治期間（西元前559~529年），波斯帝國成為史上最大的帝國之一。在全盛時期，波斯帝國領土西抵巴爾幹半島，東至印度。

### 居魯士大帝和阿契美尼德帝國

一開始，居魯士繼承了米底王國，接著踏上長征之路，擊敗了呂底亞王國和巴比倫尼亞，建立了阿契美尼德帝國。據傳居魯士大帝是位開明的君主，征服統治各地的同時，也會學習、接納當地習俗。

### 祆教

阿契美尼德帝國是波斯地區第一個帝國，信仰祆教。早期許多宗教都是多神教，但祆教不同，教徒只崇拜唯一至上的神。不過，居魯士征服新領土時，不會強迫當地人民信奉祆教，而是讓他們維持原有傳統宗教與生活方式。

阿契美尼德
帝國

● 薩迪斯

● 尼尼微
● 阿蘇爾

巴比倫 ●　● 蘇沙

孟斐斯 ●　　波斯波利斯 ●

### 大流士大帝（西元前522~486年在位）

在大流士的統治下，波斯帝國的國力達到前所未有的高峰，他打敗了埃及人，入侵印度河谷（見26頁）。為了打敗斯基泰人，他把船隻綁在一起，搭成一座船橋，於西元前513年穿越博斯普魯斯海峽。他擊退斯基泰人後，就往南攻打幫助其他反抗勢力的希臘城邦。但他在馬拉松一役（西元前490年）中失利，回到波斯後，於西元前486年逝世。

## 波斯波利斯

阿契美尼德帝國的首都波斯波利斯，位於現今的伊朗南部。大流士大帝在西元前518年建立此城，也在這裡建了一座華麗壯觀的皇宮，設有立滿柱子的廳堂，牆上刻畫許多兵士與各種動物。

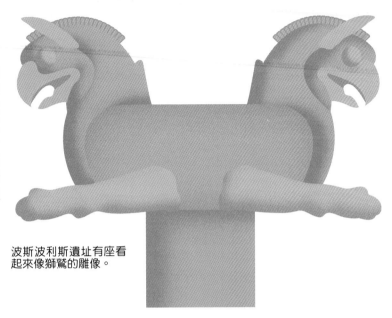

波斯波利斯遺址有座看起來像獅鷲的雕像。

## 薛西斯和入侵希臘

大流士之子薛西斯一世繼承王位，延續父親入侵希臘的計畫。西元前480年，他派出一支龐大軍隊，有些文獻指出這支軍隊的士兵多達100萬人。雖然這支大軍在溫泉關暫時受到一小群斯巴達士兵阻擋，但他們沒多久便占領並摧毀了雅典。然而，波斯艦隊在西元前480年的沙拉米斯一役中落敗，迫使薛西斯撤退，以免受困希臘。

斯巴達盾牌

## 亞歷山大大帝的侵略

西元前334年，馬其頓的年輕國王亞歷山大三世，也稱為亞歷山大大帝，入侵了波斯帝國。在短短10年內，他征服了曾經極為強盛的波斯帝國，掌控了更加廣大的領土，從希臘直到印度西北部，都在他的統治之下。

長達**1,500**年間，希臘本土和周圍的數千座島嶼分別由不同的王國與城邦統治。他們會彼此征戰與較勁，不受地中海東部及愛琴海各帝國掌控。

古希臘

特洛伊

雅典

邁錫尼

斯巴達

克諾索斯

## 邁錫尼人

約在西元前1600~1100年間統治希臘的邁錫尼文明，以邁錫尼城為中心。他們與米諾斯人建立穩固的貿易關係，因此相當富裕。根據希臘傳說，國王阿加曼農統治邁錫尼時，在特洛伊圍城戰中率領希臘人作戰，就跟史詩《伊里亞德》描述的一樣。到了西元前1200年，邁錫尼文明已經沒落。歷史學家不確定原因為何，來自北方外族的侵略、貿易商路的中斷，或是一場旱災，都可能是導致邁錫尼文明終結的原因。

## 希臘神話

希臘人信奉眾多神祇、女神和小神。宙斯是奧林匹亞眾神的領神。希臘有一系列的神話與故事，講述眾神之間的關係以及人與神的關係。這些故事包括海克力斯的考驗、點石成金的邁達斯，以及愛上自身倒影的納西瑟斯。

| 宙斯 | 波賽頓 | 黑帝斯 | 雅典娜 | 希拉 |
| 眾神之王 | 海神 | 冥神 | 智慧女神 | 眾神之后 |

## 希臘士兵

希臘軍隊的大多數成員都是稱為重裝步兵的基本士兵。他們攜帶一把劍和一只雙頭長槍，配有盾牌，頭戴飾有羽毛的頭盔，也會穿胸甲和護脛甲保護身體。重裝步兵把盾牌交疊排列，長槍向外，組成方陣，再向敵方逼進。

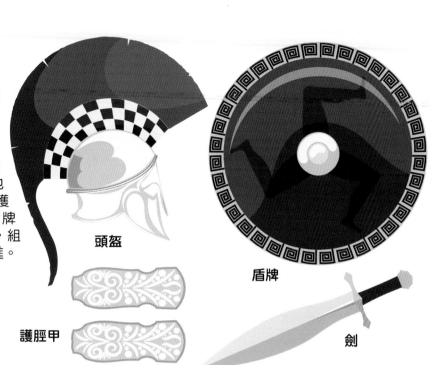

頭盔

盾牌

護脛甲

劍

## 古典希臘

邁錫尼文明衰敗後，希臘文化進入一段「黑暗時期」，我們對此時期所知甚少。直到西元前800年左右，許多城邦先後崛起，比如斯巴達、阿各斯、底比斯和雅典。這些城邦一開始都由不同國王統治，但有些城邦推翻了國王，建立最早的民主體制，進入「古典希臘時期」。從西元前500年開始，希臘各勢力在接下來近200年間彼此征戰，有時也會團結起來對抗波斯帝國（見34~35頁）。雖然戰爭接連不斷，但古典希臘時期的文化不只有了重大進展，在科學上也有許多新發現，同時也興建了壯觀的神廟，比如雅典的帕德嫩神廟。

## 奧林匹克運動會

每4年舉辦一次的奧運會，原是為了讚頌宙斯所進行的一系列體育競賽。史上第一次的奧運在西元前776年舉辦，來自各城邦的運動員參加賽跑、馬車競賽、擲鐵餅、擲標槍、摔角與拳擊等賽事，勝利者會獲得一個由橄欖葉編織而成的冠冕。奧運維持了1,000多年，直到羅馬皇帝狄奧多西一世在西元394年廢止這項活動。

## 羅馬的統治

在腓力二世及其子亞歷山大大帝的統治下，馬其頓王國征服了希臘各地，古典希臘時期也就此畫下句點。亞歷山大大帝征服波斯後，希臘的影響力也達到顛峰。但亞歷山大大帝在西元前323年過世後，希臘勢力漸漸衰落，最終在西元前146年被羅馬帝國打敗。

古羅馬文明歷時**1,000**多年，從一個小村鎮擴張為龐大帝國，領土涵蓋歐洲大部分地區，並擴展到非洲和亞洲。

呈現母狼哺育羅穆盧斯和瑞摩斯的雕像

不列顛

高盧

西班牙

### 羅馬建城

根據羅馬傳說，一對名叫羅穆盧斯和瑞摩斯的雙胞胎兄弟建立了羅馬城。他們在被母親拋棄後由一頭母狼哺育，後來又被一名牧羊人收養。兩人漸漸長大，在當地的影響力與權力也不斷增加，在推翻當地的統治者後，他們決定建立自己的城市：羅馬。

### 從國王、共和國到帝國

羅馬約在西元前700年建城，從一座小鎮擴展為大城市，成為龐大帝國的核心。羅馬一開始由國王統治，人民推翻國王後，改由元老院治理。凱撒大帝遇刺身亡後，由他的甥孫奧古斯都繼承了王位。羅馬帝國持續了近500年，直到蠻族侵略才衰亡。

凱撒大帝
（尤利烏斯‧凱撒）

**羅馬圓型競技場**

### 羅馬科技

羅馬人發明了非常多的技術，並推廣到帝國各地，比如將水運到各座城市的繁複輸水道和灌溉系統。他們也發明了水泥，用水泥建造許多壯觀的建築，比如羅馬的萬神廟和羅馬競技場。他們也非常擅長鋪設又長又直的道路，將帝國各處的城市連接起來。到了西元200年，他們已經造了超過80,000公里長的道路。

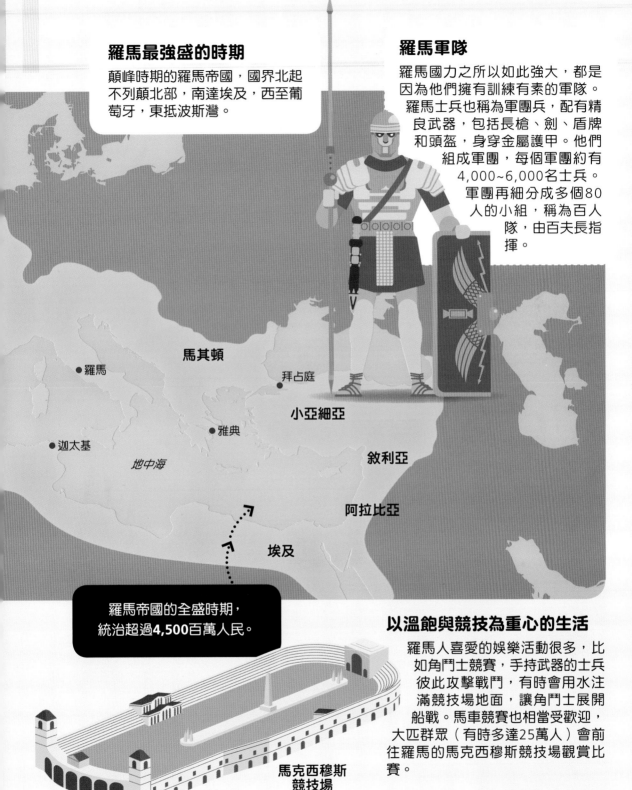

### 羅馬最強盛的時期

顛峰時期的羅馬帝國，國界北起不列顛北部，南達埃及，西至葡萄牙，東抵波斯灣。

### 羅馬軍隊

羅馬國力之所以如此強大，都是因為他們擁有訓練有素的軍隊。羅馬士兵也稱為軍團兵，配有精良武器，包括長槍、劍、盾牌和頭盔，身穿金屬護甲。他們組成軍團，每個軍團約有4,000~6,000名士兵。軍團再細分成多個80人的小組，稱為百人隊，由百夫長指揮。

馬其頓

●羅馬

拜占庭

小亞細亞

●雅典

●迦太基

地中海

敘利亞

阿拉比亞

埃及

羅馬帝國的全盛時期，統治超過4,500百萬人民。

### 以溫飽與競技為重心的生活

羅馬人喜愛的娛樂活動很多，比如角鬥士競賽，手持武器的士兵彼此攻擊戰鬥，有時會用水注滿競技場地面，讓角鬥士展開船戰。馬車競賽也相當受歡迎，大批群眾（有時多達25萬人）會前往羅馬的馬克西穆斯競技場觀賞比賽。

馬克西穆斯競技場

亞歷山大大帝於西元前323年過世後，他所統治的廣闊地區分裂成數個王國。印度次大陸陷入權力真空狀態，而孔雀帝國崛起，一步步擴展疆域，直到幾乎涵蓋整個印度次大陸。

## 擴展帝國疆域

孔雀帝國的第一位領導者旃陀羅笈多·孔雀決定征服新領土，朝西拓展疆界，也向東方與南方進軍。孔雀帝國的面積將近350萬平方公里，人口多達5,000~6,000萬人。

孔雀帝國

巴連弗邑

烏佳因

阿拉伯海

孟加拉灣

孔雀帝國第三位皇帝阿育王在西元前268年即位。他率領大軍攻打羯陵伽國，經歷慘烈戰事後，他皈依佛教，放棄武力侵略的生活。

## 阿育王柱

阿育王在帝國各地建造許多高大石柱，上面刻了各種公告，教育人們如何善待彼此與動物。有些石柱頂端立了獅子等動物雕像。

## 孔雀帝國的終結

阿育王約於西元前232年過世，他的家族繼續統治了50年，但孔雀帝國漸漸沒落分裂。最後一任帝王布柯陀羅多在西元前185年遭到刺殺，孔雀王朝就此走入歷史。

# 笈多帝國

西元第三世紀下半葉左右，笈多帝國在印度崛起。笈多帝國的全盛時期約為西元**319~467**年，許多歷史學家稱此時期為印度的黃金時代，因為此時笈多帝國在科技、文化與建築等方面有許多重大發展。

笈多帝國

馬圖拉

巴爾胡塔

康貝　桑吉

阿旃陀

孟加拉灣

阿拉伯海

## 擴展疆土與統治

笈多帝國一開始的幾位君主，包括笈多（也就是帝國名的由來）、旃陀羅·笈多一世、沙摩陀羅·笈多和旃陀羅·笈多二世，都致力拓展疆域，國土面積最大時接近350萬平方公里。然而到了西元470年左右，統治階級的內鬨與匈人等北方民族的入侵，使得帝國國力漸漸衰退。

## 技藝高超的鐵匠

笈多帝國的鐵匠技術非常高超，讓人們深信印度鐵器既不會生鏽也不會腐蝕。為了證明自己的想法，他們於西元402年建了一座7公尺高的鐵柱，此鐵柱位在德里的加德古塔建築群中，直到今天仍昂然聳立。

## 貿易國度

笈多帝國靠國內與海外貿易而變得富裕。他們與各國交易絲綢、棉花、香料、寶石、金和銀，而國內交易則以食物、香料、鹽、寶石和金為主。

印度德里的
鐵柱

約**40,000~17,000**年前，西伯利亞和美洲之間有座陸橋，人類靠著這座陸橋前往美洲。這裡的人一開始過著游牧生活，很快就散布到整個美洲，漸漸在這片遼闊的土地上定居下來。

## 奧爾梅克文明

這是中部美洲（見44~45頁）最早的文明之一，最繁榮的時期是西元前1500~400年之間。奧爾梅克人以聖羅倫索和文塔兩座主要城市為中心，留下可能是重要統治者的大量雕刻頭像。有些石雕頭像高達3.5公尺。

*基本上「中美洲」主要為地理上的概念，而「中部美洲」則是比較偏文化的概念，涵蓋的範圍比中美洲更廣。

奧爾梅克的石雕頭像

墨西哥灣

● 特奧蒂瓦坎

**奧爾梅克帝國**

文塔

聖羅倫索

太平洋

奧爾梅克（Olmec）一詞意指橡膠人，因為他們從橡膠樹上汲取天然橡膠並加以利用。

位於墨西哥特奧蒂瓦坎的太陽金字塔

65公尺

## 特奧蒂瓦坎

這個廣大城市位在現今墨西哥城的西北方，是當時全美洲最大的城市之一。這兒住了200,000名居民，約在西元100~400年蓬勃發展，市中心建了巨大的金字塔。但是在西元600年左右，城中主要建築都被燒毀，影響力也就此消退。

特奧蒂瓦坎的太陽金字塔約**60**公尺高，基座的長寬各為**215**公尺。

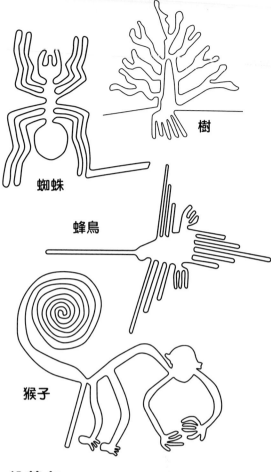

樹

蜘蛛

蜂鳥

猴子

埃及吉沙
的古夫金字塔

146.5公尺

93公尺

## 納茲卡

納茲卡人住在今秘魯利馬南方400公里處，約在西元前100年~西元800年間十分強盛。他們最知名的成就，是在附近鄉間的土地上，創作巨大的線條畫，呈現各種動物和人物的形體，比如蜘蛛、蜂鳥和猴子。最大的畫作長約370公尺。

美國紐約的自由女神像

# 馬雅

中部美洲涵蓋了部分墨西哥、貝里斯、薩爾瓦多、瓜地馬拉、宏都拉斯、尼加拉瓜和哥斯大黎加等區域，馬雅人則是生活在此區域的一支民族。他們約在西元前**1500**年定居於此，建立村莊，漸漸擴展勢力，並在西元**250**年左右統治整個地區。但馬雅文明的諸多城市到了西元**900**年已經沒落。

墨西哥灣
契琴伊薩
烏斯馬爾
圖盧姆
帕倫奎
提卡爾
卡拉可
科潘
太平洋

## 城鎮與廟宇

馬雅人建造了數個全美洲最大的城市。馬雅文明的全盛時期，在中部美洲約有40個大城市，其中最壯觀的是提卡爾和卡拉哥，約有1萬名居民。這些城市以大廣場、廟宇和金字塔為中心。

馬雅建築不使用真拱，而是使用頂部較尖的疊澀拱。

真拱　　　疊澀拱

## 馬雅金字塔

馬雅人的金字塔是儀式用建築，也是舉行獻祭的地方。位在墨西哥契琴伊薩的卡斯蒂略金字塔，四面各有91道階梯。把這四座階梯數目加起來，再加上通往頂端神廟的階梯，總和是365階，也就是一年天數，一級階梯代表一天。

契琴伊薩的
卡斯蒂略金字塔

## 球類運動

馬雅人有項特殊的球類運動。兩支各由2~6名球員組成的球隊，在球場中以手肘、臀部和膝蓋將橡皮球傳向隊友，目標是讓球穿過高掛球場牆上的石環，同時想辦法讓敵隊失球。

## 馬雅飲食

馬雅人以玉米為主食，通常用水煮熟，再加上萊姆汁，與辣椒拌在一起食用。其他食物則包括鹿肉、火雞、鴨和魚等肉類，以及蛋、南瓜和豆類。他們會喝一種叫做xocolati的飲料，由壓碎的可可豆、蜂蜜和玉米粉製成。

玉米

可可豆

## 馬雅戰爭

馬雅人作戰時，不以殺害敵人為目的。他們試圖活捉敵人，當作獻給馬雅神明的祭品。馬雅人用粗鹽讓粗棉硬化，再塞進鎧甲保護身體。他們使用的武器包括矛叉、斧和刀，以及上頭裝有銳利黑曜岩刀片的特殊棒子。

黑曜岩刀片

今天，馬雅人分別住在中美洲各國，其中有超過500萬人仍在使用30種馬雅語言。

## 馬雅文明的沒落

歷史學家不確定馬雅文明沒落的真正原因，但到了西元900年，許多馬雅城市都已無人居住。西班牙人在16世紀抵達中美洲時，大部分的馬雅人都住在小農村裡。有些人認為，砍伐森林導致缺乏水源是主因，有些人則認為可能是人口太多，不同城邦間彼此征戰，導致馬雅文明衰亡。

# 非洲王國

非洲的資源豐富，孕育了許多大型文明。他們與歐洲和亞洲的數個帝國進行貿易往來，文化變得更加多元，但雙方的接觸也導致衝突與戰爭。

### 邦特之地

我們對這個位於古埃及南部的古老王國所知甚少。現有的資料多半來自埃及人進行貿易任務時留下的紀錄，最早可追溯到近4,500年前。其中最知名的任務，是埃及女法老哈特謝普蘇特在西元前1400年左右派出一支大艦隊，從邦特之地帶回大量的金、象牙、烏木、熏香、獸皮、化妝品和香料。

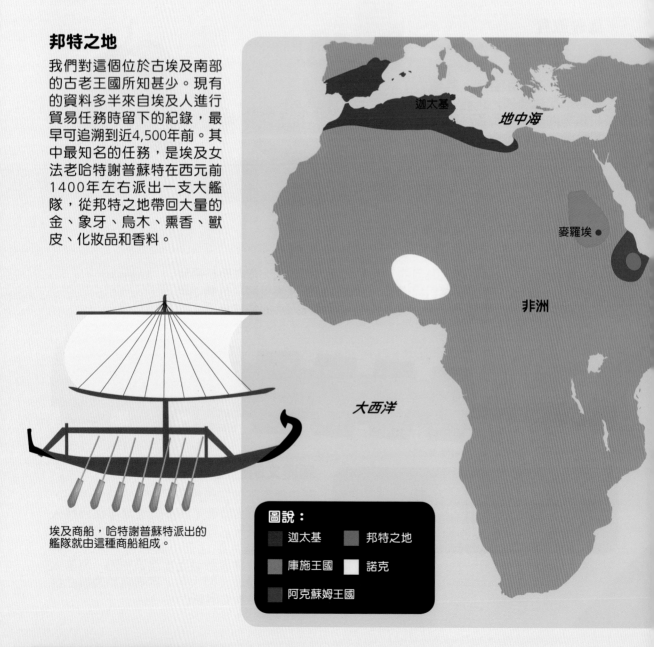

埃及商船，哈特謝普蘇特派出的艦隊就由這種商船組成。

地中海

迦太基

麥羅埃

非洲

大西洋

**圖說：**

迦太基

邦特之地

庫施王國

諾克

阿克蘇姆王國

## 庫施王國

麥羅埃
金字塔

西元前1069年，古埃及的新王國時期結束後（見30~31頁），庫施王國在蘇丹北部建國。庫施王國成為南北貿易中樞，從北方運來橄欖油、熏香、木材和青銅，從南方運來金、象牙和獸皮，變得十分富裕。庫施人膜拜許多古埃及神祇，甚至也將重要人物葬在金字塔中。

## 諾克文化

約在西元前500年到西元200年間，現今的奈及利亞一帶出現了諾克文化，它可能是非洲西部第一個擅長煉鐵的文化。諾克人製造了許多陶製塑像，有人像、頭像，也有動物的塑像。

## 迦太基

迦太基城邦位於非洲北部沿海地區，是古羅馬的主要勁敵。雙方的較勁演變為西元前264~146年間的三次布匿戰爭（因為迦太基被稱為布匿共和國）。在第二次布匿戰爭期間（西元前218~201年），迦太基人的領袖漢尼拔率領軍隊，穿過西班牙、法國南部和阿爾卑斯山區，再南下到義大利，朝羅馬進軍。他在西元前216年的坎尼會戰中大勝羅馬軍隊，但無法向前追擊，不得不撤回迦太基。後來，羅馬人花了3年圍攻迦太基，最終在西元前146年摧毀這座城邦。

迦太基領袖
漢尼拔

## 阿克蘇姆王國

阿克蘇姆王國是位於衣索比亞北部山區的城邦，約在西元350年左右打敗北方的敵人努比亞人（原本是庫施王國），勢力逐漸壯大。他們在紅海四處發動突襲，約在西元525年攻入葉門，試圖掌控往來於這些狹長海域的海上貿易。阿克蘇姆王國在首都建造了許多壯觀建築，包括數個王宮和高聳的方尖石碑。

阿克蘇姆方尖碑

第三章

# 中世紀

# 分裂的羅馬帝國

西元**117**年，羅馬帝國的疆域面積達到前所未有的顛峰，勢力橫跨歐洲並探入非洲和亞洲。但是太過廣闊的帝國難以治理，外國與外族的侵略一再威脅羅馬帝國。

## 四帝共治制

西元285年，戴克里先皇帝為了解決領土太過廣闊的問題，建立四帝共治的制度，把帝國分成4個地區，每個地區都有自己的首都，由一人治理。

·位在今土耳其境內的尼科米底亞，以及位在今塞爾維亞境內的西米姆，是帝國東部的兩個首都。

·靠近義大利米蘭的梅迪奧拉努姆，以及位在今德國境內的奧古斯塔特來弗洛姆，是帝國西部的兩個首都。

·羅馬仍是整個帝國名義上的首都。

**圖說：**

西羅馬帝國　東羅馬帝國

奧古斯塔特來弗洛姆
羅馬
西米姆　君士坦丁堡
尼科米底亞

## 戰爭與兩個帝國

四帝共治沒有持續太久，四帝之間就爆發內戰。到了西元313年，只剩下兩名皇帝：李錫尼烏斯統治西部，君士坦丁統治東部。後來又經過11年的爭鬥，君士坦丁終於打敗李錫尼烏斯，再次統一羅馬帝國。

## 西羅馬帝國的敗亡

西元330年，君士坦丁大帝在現今的土耳其伊斯坦堡，建立新首都君士坦丁堡。羅馬帝國在西元395年，再次分裂為東、西羅馬帝國，君士坦丁堡成為東羅馬帝國的首都。日耳曼民族一再出兵侵略，並漸漸征服大部分西羅馬帝國領土，終於在西元476年，他們占領並摧毀羅馬，西羅馬帝國就此衰亡。但東羅馬帝國愈來愈強盛，成為拜占庭帝國（見54~55頁），直到1453年才走入歷史。

# 跨越太平洋

3,000多年前，住在新幾內亞的人們決定出航，前往散布於太平洋的數千座島嶼並定居下來。

太平洋

新幾內亞

澳洲

夏威夷群島
西元900年

西元前200年

美拉尼西亞
群島　西元前1300年

薩摩亞群島
西元前800年

西元前
1200年

斐濟群島
西元前900年

復活島
（拉帕努伊）
西元900年

紐西蘭
（奧特亞羅瓦）
西元1200年

## 散布太平洋

開拓者從新幾內亞往東方前進，約在西元前1300~900年間抵達美拉西尼亞群島，接著約在西元前800年抵達玻里尼西亞群島中的薩摩亞群島和東加群島。接下來的1,000年間沒有進一步的探險，接著人們再次出航，朝東前往復活島（也稱為拉帕努伊），朝北航向夏威夷，約在西元900年左右抵達此兩大群島。最後人們航向南方，約在西元1200年左右首次踏上紐西蘭（也稱為奧特亞羅瓦）。

Polynesia（玻里尼西亞）一字源自希臘文的poly（許多）和nesos（島嶼）。

## 乘獨木舟出航

玻里尼西亞人駕著大型雙船體獨木舟，航行於眾多島嶼之間。這些船隻可長達30公尺，設有龐大的三角帆，好利用風力航行。大型獨木舟可乘載多達100人，也可以運送動植物，幫助人們在島嶼上建立新家園。

## 找到方向

早期的玻里尼西亞開拓者都是厲害的水手，利用許多技巧和秘訣，在浩瀚的太平洋上找到方向。有些水手用木桿製作地圖，指出不同島嶼的位置。他們也會利用太陽和星星的位置決定航行方向，同時藉由一些跡象判斷附近是否有陸地，比如某些鳥類的蹤跡，以及海面湧浪和波浪的狀況。

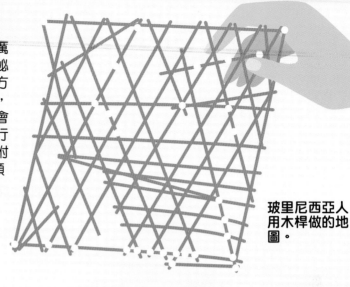

玻里尼西亞人用木桿做的地圖。

## 復活島（拉帕努伊）

復活島擁有豐富的動植物，因此最早抵達這兒的開拓者也發展出豐富的文化。他們創造了將近900座稱為摩艾像的石雕，每個摩艾像都將近4公尺高，超過10公噸重。考古學家仍試著找出島民移動、雕刻這些巨人像的方法。17世紀時，此處的文明因內戰與棲地遭到破壞而沒落，歐洲人在18世紀抵達復活島時，島上僅有為數不多的居民。

恐鳥

## 紐西蘭（奧特亞羅瓦）

最早抵達奧特亞羅瓦的開拓者，建立了留存至今的毛利文化。不到200年，他們就定居在紐西蘭各地，藉由堆土造丘，建立足以抵抗攻擊的村落。他們種植亞麻，編織成繩索與布料，也種植食用的甘藷。他們會捕魚和海豹，也會獵捕現今已絕種的巨鳥，即毛利語稱為摩亞鳥的恐鳥。

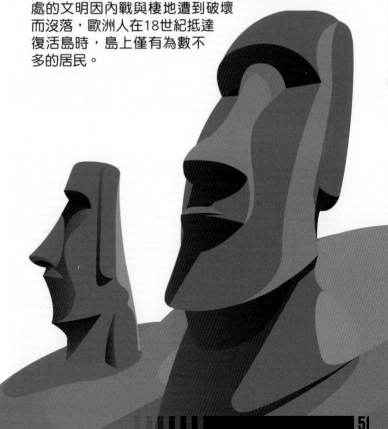

# 伊斯蘭的擴張

新宗教和先知穆罕默德（約西元570~632年）促使伊斯蘭大軍團結起來，征服了阿拉伯半島，並快速擴展到亞洲、非洲和歐洲南部，建立了一個東起印度洋，西抵大西洋的龐大帝國。

地中海

美迪納
麥加

**西元750年以前，
伊斯蘭的擴張途徑**

阿拉伯海

### 先知

穆罕默德從40歲開始在麥加宣教，教導民眾生活與服侍神的正確方式。他從麥加搬到美迪納後，信徒大幅增加，得以組成一支約10,000人的軍隊。他派遣這支軍隊前往麥加，取得麥加的控制權。自此之後，伊斯蘭大軍很快就征服阿拉伯半島的不同群體與部落。

### 征服阿拉伯

波斯的薩珊帝國以及拜占庭帝國積弱不振，無力阻止穆斯林軍隊從阿拉伯直入中東，一再擴張勢力。土耳其的山脈暫時阻止了他們往北發展，但他們很快就向東揮軍，穿過波斯，也往西進入埃及，勢力擴及非洲北部。

## 打敗波斯

伊斯蘭勢力向東擴張，最終在西元642年的奈哈萬德戰役打敗波斯的薩珊帝國。雖然部分地區持續反抗了數十年，但大部分都落入穆斯林手中。

## 穿過非洲，進入歐洲

伊斯蘭大軍展開新一波征戰，讓帝國領土朝西推進，征服北非其他地區，並往北進入西班牙、葡萄牙和南法，也占領了許多地中海島嶼。西元732年，法蘭克人在圖爾戰役中打敗伊斯蘭軍隊，阻止了伊斯蘭帝國向西擴張。同時，伊斯蘭帝國繼續朝東擴增疆土，直到阿富汗一帶，國土面積超過1,300萬平方公里。

聖墓教堂

## 包容各種宗教

伊斯蘭王國是出了名的包容其他宗教，容許各地民眾維持原本的信仰。例如，穆斯林哈里發征服耶路撒冷後，容許聖墓教堂（基督教最重要的聖地之一）繼續運作。

## 文化與科學

西元6世紀末到15世紀初，是伊斯蘭帝國的黃金年代，除了貿易繁榮外，藝術、建築、數學、醫學和科學等領域也有長足的進展。許多地方仍保有此時期的伊斯蘭建築，比如西班牙的阿爾罕布拉宮。早期的伊斯蘭數學家發展了代數、幾何和微積分，而最先提及仙女座星系的也是伊斯蘭的天文學家。

阿爾罕布拉宮

# 拜占庭帝國

羅馬帝國在西元**395**年分裂成東西兩半後，東羅馬帝國延續了**1,000**多年。這個廣大的帝國統治著歐亞交界地帶。

## 首都

君士坦丁一世所建的君士坦丁堡，成為東羅馬帝國首都。君士坦丁堡位於歐亞交界處，具備地理優勢，控制往來兩大洲間的大量貿易活動，因此變得非常富庶。

拜占庭皇帝以雙頭鷹做為標幟。

## 強盛的帝國

查士丁尼大帝（西元527~565年在位）將帝國疆域擴展到極致，納入許多原本屬於羅馬帝國的領土，勢力從西班牙南部到非洲北部，並深入亞洲。為了統治帝國，查士丁尼制定新法典，下令建造許多壯觀華麗的建築，比如君士坦丁堡的聖索菲亞大教堂（現在是清真寺）。

聖索菲亞大教堂

## 十字軍東征

11世紀末，面對東邊伊斯蘭勢力帶來的威脅，拜占庭皇帝阿歷克斯一世請求教宗協助。教宗烏爾班二世發起聖戰，開始了十字軍東征，引發一連串基督徒侵略巴勒斯坦的事件（見68頁）。

## 來自東邊的威脅

以今伊朗為中心的薩珊帝國，長久以來都被拜占庭皇帝視為威脅。自原本的羅馬帝國時期起，雙方便不時發生衝突，並延續到7世紀下半，直到穆斯林勢力擴張並征服了薩珊帝國（見52~53頁）。

## 拜占庭藝術

由於君士坦丁大帝改信基督教，大部分留存至今的拜占庭藝術都與宗教有關，包括基督教的聖人像，例如《聖經》提到的聖人和人物。歐洲其他地區的藝術深受拜占庭藝術家影響，各地都能看到拜占庭式的建築與教堂。

呈現聖母瑪莉和耶穌的拜占庭畫像。

## 帝國的衰亡

14世紀之初，拜占庭的勢力已經大不如前，到了14世紀末，已成為突厥人的附庸國，向蘇丹進貢並提供兵力。接下來的150多年，拜占庭帝國試圖重新取得獨立。但是，穆罕默德二世在1453年5月29日率領鄂圖曼大軍攻占君士坦丁堡，殺死皇帝，拜占庭帝國就此告終。

鄂圖曼大軍攻下君士坦丁堡後，聖索菲亞大教堂就成了一座清真寺。

# 北美洲

在歐洲人發現北美洲之前，許多住在這兒的民族過著游牧生活，特別是西北部一帶。他們跟著動物遷徙，靠採集植物為食。其他地區的人們則定居在一地，種植各種作物。

北極帶

亞北極帶

西北岸

高原

東北部

大盆地

平原

加州

西南部

東南部

歐洲人抵達前，
北美洲文化分布圖

僧侶墩

## 建造土墩的民族

從西元700年到歐洲人抵達前，密西西比文化掌控大部分的北美洲中部和東南地區。這個民族通常住在控制附近村落的大型城鎮中。他們的食物大多來自種植的玉米、南瓜類、豆類和其他作物。主要城鎮通常以大廣場和巨型土墩為中心向外發展，並由祭司王治理。加和基亞位於今密蘇里州的聖路易附近，是當時北美洲最大的城市之一。西元1000年左右，這兒有20,000名居民。它占地16平方公里，設有120座大型土墩。其中最大的土墩稱為僧侶墩，高30公尺，占地6公頃，比8個足球場還大。

## 歐洲人踏上北美洲

16世紀下半葉，歐洲人開始在北美大陸殖民，西班牙人落腳東南部，而英國人則定居東北部。此情形對當地民居造成悲慘後果，歐洲人在各地建立新殖民地的同時，許多人被迫離開家園，或慘遭殺害。歐洲人也帶來天花等新疾病，許多人因而喪命。

有些科學家認為，自歐洲人抵達美洲後，在短短幾代的時間，就造成了**2,000萬人死亡**。

## 古普韋布洛人

古普韋布洛人住在現今美國亞利桑那州、新墨西哥州、科羅拉多州和猶他州的交界處。古普韋布洛文明約發展於西元100~1600年，他們過著農耕生活，但附近其他民族則過著游牧生活。有些古普韋布洛人在洞穴與崖壁上建立城鎮與村莊，獲得地勢保護的同時，也能遮風避雨。他們的建築有時高達4層樓，裡面有多達1,000個不同空間。人們認為，是13世紀末的大乾旱迫使他們離開家園，移居到別的地方。

# 維京人

維京人來自斯堪地那維亞（瑞典、挪威和丹麥）。這個民族最知名的特色就是樂於冒險，進行許多貿易活動，經常突襲並征服其他地區，在離家數千公里之外的地方定居。

一枚維京人的金別針

## 服飾

維京人用亞麻和羊毛等天然原料縫製衣物。每個維京家庭都有立經式梭織機，用來紡織布料。維京男子會穿長褲、裹腿褲以及長袍，外面再套上寬大的毛斗篷，並以別針固定。維京婦女則穿長洋裝、圍裙，頭戴亞麻頭飾。

維京人非常重視個人衛生。他們經常梳理頭髮，幾乎每個維京遺跡都會出現大量梳子。

## 書寫與故事

維京人休閒時很愛講述長篇故事，這些充滿神祇、怪物和英雄的故事稱為北歐傳說（saga）。這些故事經過口耳相傳，一代一代傳遞下去，直到12、13世紀才以文字記錄下來。維京人以一套稱為「如恩文字」的符號書寫這些故事。

| | | | |
|---|---|---|---|
| A | H | P | |
| B | I | R | |
| CH | K | S | |
| D | L | T | |
| E | M | U | |
| F | N | Z | |
| G | O | TH | |

## 武器和戰士

維京人所使用的武器和盔甲，可反應每個人的富裕程度。最窮困的戰士使用矛、盾和短刀，比較富有的戰士頭戴頭盔、身穿鎖子甲，手持盾牌，使用劍和斧頭戰鬥。維京人用皮革或鐵製作頭盔，有時會有保護兩頰的蓋片和護鼻。他們把許多木板固定在一起，組成一塊盾牌。

維京戰士的頭盔其實沒有長角，這是**19**世紀時人們所捏造出的形象。

## 維京長船

維京人會依據需求使用各種不同的船隻，其中有划槳小艇，也有龐大的長船。維京長船的功能是貿易和作戰，船上可承載多達100名維京戰士，靠龐大的帆和槳在水上行進。

維京長船的船頭刻有龍首，用來威嚇敵人。

## 貿易、襲擊、探險和定居

維京人派遣隊先穿過北海，襲擊蘇格蘭、愛爾蘭、英格蘭北部、昔得蘭群島、法羅群島等地，並定居下來。他們很快便航行於歐洲各地，並且進入地中海。他們也穿越大西洋，在冰島、格陵蘭定居，到了西元1000年左右，他們也在北美洲沿岸地區住了下來。

## 諾曼人

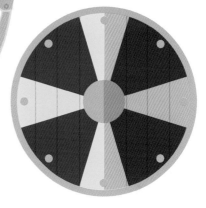

維京人也定居在法國諾曼地一帶（「諾曼」〔Norman〕一詞源自「北海人」〔Norseman〕，指的是來自北方的入侵者）。自此之後，他們的足跡遠達中東、非洲北部、義大利南部，並且在征服者威廉一世的帶領下，於1066年征服英格蘭。

# 印加人

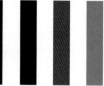

印加人在今秘魯境內建立首都後，在接下來的**300**多年間是一個小型文明，後來擴張領土，沿著南美洲的安地斯山脈形成龐大帝國。

## 時間軸

**12世紀初**：印加人在庫斯科建立首都。

印加人在100多年間，分四階段擴張帝國領土。

**1438~1471年**：帕查庫特克帶領印加大軍，征服庫斯科周圍的地區。

**1471~1493年**：在圖帕克·印卡的統治下，印加帝國的國土擴張到秘魯北部和厄瓜多。

**1493~1525年**：帝國往南擴張，瓦伊納·卡帕克征服了智利和阿根廷地區。

**1525~1532年**：瓦斯卡爾讓帝國領土進一步深入厄瓜多。

## 奇普

印加帝國仰賴跑者將信息傳遞到各處。他們使用稱為奇普的繩結記下訊息。

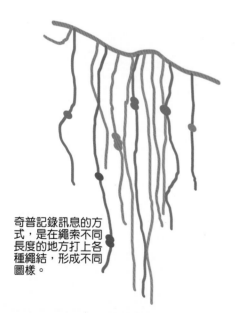

奇普記錄訊息的方式，是在繩索不同長度的地方打上各種繩結，形成不同圖樣。

印加帝國
各時期的擴張

庫斯科

**圖說：**

1438~1471年

1471~1493年

1493~1525年

1525~1532年

印加帝國最強盛的時期，國土面積廣達**200**萬平方公里，統治超過**1,200**萬人。

## 道路網

印加帝國建造了連接帝國各地，超過30,000公里的道路網。由於印加帝國境內有許多高山，他們也用繩索搭建許多橫跨山谷的吊橋。

## 印加建築

印加人的建築技術很高明，他們能精準地切割石塊，再堆砌成建築。有些石磚甚至接合得天衣無縫，連一張紙都插不進去！

## 帝國的衰亡

1532年11月，法蘭西斯科·皮薩羅率領西班牙士兵，抵達印加帝國的卡哈馬卡城。他們綁架印加皇帝阿塔瓦爾帕，儘管印加人支付了龐大贖金，西班牙人還是殺了阿塔瓦爾帕，接著朝庫斯科進軍。雖然西班牙人數較少，但武器比較精良，很快就打敗印加人，征服了印加帝國。

## 馬丘比丘

馬丘比丘位於離庫斯科80公里遠的山區。西班牙人雖然征服了印加帝國，卻沒有發現這座山城。西方世界一直不知道這兒的存在，直到1911年，住在附近的居民才帶領耶魯大學教授海勒姆·賓厄姆來到此地。考古研究顯示，這裡曾有沿山坡而建的梯田，也有房舍、道路、廣場和一座宮殿。

# 阿茲提克人

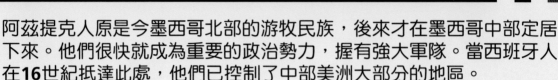

阿茲提克人原是今墨西哥北部的游牧民族，後來才在墨西哥中部定居下來。他們很快就成為重要的政治勢力，握有強大軍隊。當西班牙人在**16**世紀抵達此處，他們已控制了中部美洲大部分的地區。

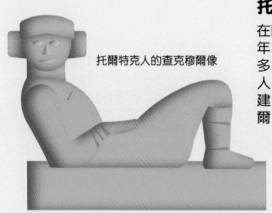

托爾特克人的查克穆爾像

## 托爾特克人

在阿茲提克文明之前，托爾特克人於西元900~1150年間，在中部美洲蓬勃發展。我們對他們的認識，多半來自阿茲提克人留下的故事和紀錄，阿茲提克人相當崇敬這些先人。托爾特克人建立大型城市，建有壯麗宮殿和金字塔，雕刻許多稱為「查克穆爾」的坐臥人像。

阿茲提克人也被稱為墨西加人，這也是現代墨西哥的國名由來。

## 建國神話

傳說原本過著游牧生活的阿茲提克人，只要在某地看到一隻鵰站在仙人掌上攻擊一條蛇，就代表他們能在該處定居。他們在1325年來到了特諾奇提特蘭時，就看到了這樣的景象，便在此建立他們的首都。

特斯科科湖

特諾奇提特蘭

**阿茲提克帝國**

墨西哥國旗中央，就是停在仙人掌上的鵰與蛇相鬥的圖樣。

## 阿茲提克戰士

阿茲提克的菁英戰士分成數個不同團體或組織，例如雄鷹戰士的頭盔飾有羽毛和張開的大鳥喙，美洲虎戰士則身披美洲虎皮。

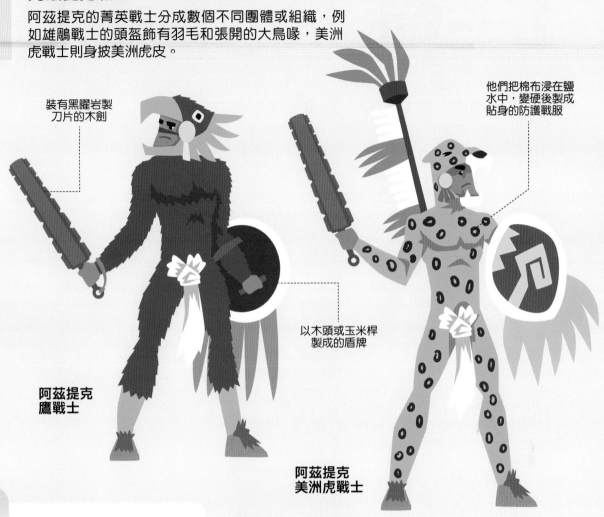

裝有黑曜岩製刀片的木劍

他們把棉布浸在鹽水中，變硬後製成貼身的防護戰服

以木頭或玉米桿製成的盾牌

阿茲提克
鷹戰士

阿茲提克
美洲虎戰士

## 漂浮之城

阿茲提克人的首都，位在特斯科科湖旁的沼澤地。阿茲提克人抽乾沼澤地的水，建立城市，並造了數座可種植農作物的漂浮島。阿茲提克帝國的全盛時期，特諾奇提特蘭住了超過140,000人，是中部美洲最大的城市。

## 阿茲提克人的滅亡

埃爾南·科爾特斯率領西班牙兵士，在1519年抵達墨西哥，很快就向阿茲提克首都進軍。阿茲提克的君主蒙特蘇馬二世雖歡迎這些歐洲人，卻被西班牙人綁架，後來在戰鬥時遭到殺害。阿茲提克人雖然把西班牙人趕出特諾奇提特蘭，但西班牙人和當地數個阿茲提克的敵人組成聯盟，再次攻打阿茲提克人並取得勝利，在1521年摧毀了首都。

阿茲提克人說的是納瓦特爾語，許多字彙被納入西班牙文，接著被納入英文，英文的辣椒、酪梨和巧克力等字都源自納瓦特爾語。

# 蒙古帝國

蒙古人由數個游牧民族組成，他們團結起來後，很快就征服了亞洲和歐洲的廣大地區，建立起史上最廣大的帝國之一。

### 成吉思汗

成吉思汗原名鐵木真，約在1162年誕生於一個蒙古部族。蒙古的各個部落經常為了爭奪土地、食物和財物而打仗。隨著鐵木真漸漸長大，愈來愈多人受到他的勇氣與領導能力感召而追隨他。到了1205年，鐵木真已打敗全部敵人，號召所有蒙古部落於隔年舉行大會。他建立蒙古國，成為「成吉思汗」，意指「天下的首領」。

成吉思汗把蒙古戰士變成訓練有素的軍隊。他很快就將中國納入蒙古帝國，向西擴張到阿富汗和伊朗。成吉思汗在1227年過世時，蒙古已是個東抵日本海，西達歐洲邊界的大帝國。

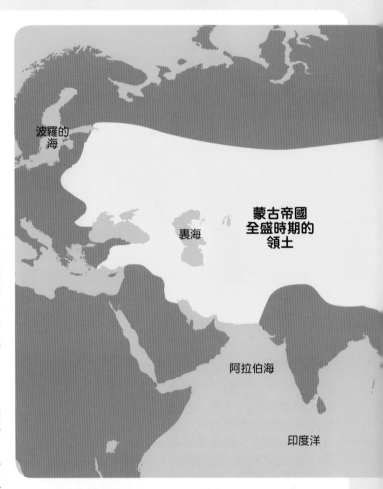

波羅的海

裏海

蒙古帝國全盛時期的領土

阿拉伯海

印度洋

蒙古帝國最強盛的時期，領土超過**3,000萬**平方公里，相當於整個非洲大陸。

## 蒙古戰士

蒙古戰士以斧頭、長槍、矛和劍作戰，但他們最愛用的是複合弓。用複合弓射出的箭，射程是其他弓箭的2倍。蒙古人精於馬術，即使騎在馬背上，也能用複合弓精準地射中目標。

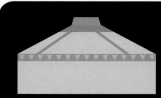

蒙古戰士騎乘一種體型較小但耐力十足的馬匹，蒙古騎兵一天可行進多達**120**公里。行軍時，蒙古人住在稱為蒙古包的圓形大帳篷裡。

## 四大汗國

成吉思汗過世後，帝國分成四大汗國，分別由他的四個兒子治理。窩闊台成為大汗，在他的帶領下，蒙古帝國朝東歐推進，抵達現今的匈牙利和波蘭。直到1241年，窩闊台過世，蒙古帝國才停止擴張，蒙古人不得不回到家鄉，推舉新的首領。

## 蒙古的衰亡

成吉思汗的孫子忽必烈在1260年成為大汗，只花了11年就征服中國，於1271年成為皇帝，創立元朝。他繼續擴張帝國，在1274和1281年兩次進攻日本，但都失敗。每隔一陣子，四大汗國就會彼此征戰，爭奪土地和貿易。帖木兒攻占了其中兩個汗國（伊兒汗國和察合台汗國），建立帖木兒帝國。元朝最終在1368年被明朝打敗，金帳汗國是最後一個汗國，持續到1480年，才被俄羅斯所滅。

日本海

太平洋

四大汗國

金帳汗國

察合台汗國

大汗國

伊兒汗國

中世紀也稱為中古時期,指的是西元**476**年西羅馬帝國滅亡(見**49**頁),到**14**世紀文藝復興(見**77**頁)開始前的這段時間。

## 封建制度

中古歐洲社會遵循封建制度。最頂端是國王或皇帝,他把國家分成許多地區,也稱為封地,每個封地都由一名貴族或地主治理。在貴族及地主之下,則是騎士和其他重要人物,最底端則是農夫,也就是農奴。農奴努力工作,把大部分的收成都交給貴族,貴族則容許農奴在封地上生活,並留下一部分的收成。

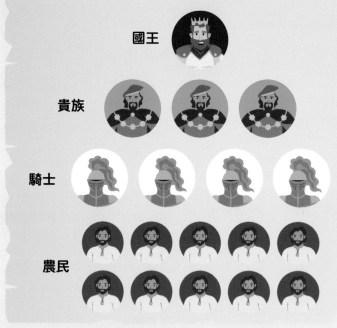

國王

貴族

騎士

農民

加洛林帝國

科隆

亞琛

巴黎

杜爾

米蘭

土魯斯

## 教會與什一奉獻

天主教會的勢力非常龐大,各國統治者都效忠於羅馬教宗。歐洲各地的人民都必須進行什一奉獻,把**10**%的收入交給教會。

## 藝術與建築

歐洲各地在中古時期建造了許多裝飾繁複的建築，包括許多城堡和教堂。此時的藝術和文學也蓬勃發展，留下許多畫有精緻圖樣的手稿，特別是《聖經》、祈禱書和騎士文學，比如講述一名俠義騎士的長詩《羅蘭之歌》。

位於現今德國的科隆大教堂從**1248**年開始興建，於**1322**年啟用。

## 加洛林王朝

加洛林家族在西元9世紀掌控歐洲相當大的地區，包括法國、德國、奧地利、義大利北部和今西班牙的部分地區。在查理曼大帝（生於748年，死於814年）的統治下，領土從他們位在法國北部的家鄉一步步向外擴張。在西元800年，查理曼經由羅馬教宗加冕登上帝位，成為羅馬帝國衰敗後，第一個統一並治理西歐大部分地區的君主。

加洛林帝國最強盛的時期，共統治**2,000**萬人民。

## 英格蘭的盎格魯－撒克遜人

撒克遜人原來自今丹麥、荷蘭和比利時一帶。羅馬帝國在西元500年退出不列顛群島後，許多撒克遜人來此定居。盎格魯－撒克遜人打敗當地的凱爾特人後，在英格蘭各地建立數個王國，包括麥西亞和威塞克斯。後來幾名國王統一了這些王國，建立了類似現代英格蘭的政體。同時，他們也遭受維京人的襲擊與侵略（見58~59頁），最終在1066年，被威廉一世率領的諾曼人打敗。

# 十字軍東征

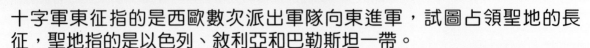

十字軍東征指的是西歐數次派出軍隊向東進軍，試圖占領聖地的長征，聖地指的是以色列、敘利亞和巴勒斯坦一帶。

## 第一次十字軍東征

為了回應拜占庭帝國的請求（見54~55頁），一起對抗土耳其軍隊，教宗烏爾班二世在1095年頒布一項法令，號召基督徒組成軍隊朝聖地進軍，占領聖城耶路撒冷。第一次十字軍東征（1096~1099年）由4支軍隊組成。十字軍穿過今土耳其，在1099年7月攻占耶路撒冷，殺害了當地無數的穆斯林居民。他們在這一帶建立了4個十字軍王國。

聖地
主要城市

● 安提阿

● 大馬士革

● 阿克雷

● 耶路撒冷

● 亞歷山大港

## 騎士團

十字軍東征期間，許多騎士團體加入，組成各種騎士團，比如聖殿騎士團和醫院騎士團。他們的職責包括在聖地執行軍事任務，保護拜訪聖址的朝聖者。有些騎士團變得非常富有且強大。一開始，這些騎士團都支持教宗和歐洲君主，但後來被視為威脅。14世紀初，聖殿騎士團在歐洲各地都遭到禁止。許多聖殿騎士被處死，他們的財富也被沒收。

醫院騎士團的
十字徽　　　　聖殿騎士團的
　　　　　　　十字徽

1212年，在一個名叫尼可拉斯的人帶領下，一群孩童、青少年、婦女和老人組成了一個組織混亂的團體。這支被稱為「兒童十字軍」的隊伍向東行進，最遠去到了義大利，但從未抵達聖地。

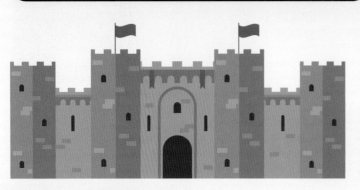

## 後來的十字軍東征

十字軍王國都建了城堡自我保衛，但許多城市時而落入穆斯林軍隊手中，時而又被基督徒奪回，聖地的重要人士也在兩方勢力間搖擺不定。1291年，馬木路克人從埃及率領伊斯蘭軍，攻占最後一個基督教城市阿克雷，主要的十字軍東征至此畫下句點。

# 黑死病

**1347**年，鼠疫從東方傳入歐洲，不到**6**年的時間就傳遍整個歐洲大陸，造成無數人死亡。

中古時期的醫生會穿戴有著長長鳥喙的特製面具，鳥喙裡則塞滿了草藥。人們認為這樣就不會染上瘟疫。

## 病原體和症狀

黑死病（也稱為鼠疫）是由一種微小的細菌引發，它可以在空氣中傳播，也會因為被老鼠或跳蚤咬傷而感染。這種細菌進入人體後，會造成身體各處的淋巴結腫大，因此病患的腋下或鼠蹊部會出現腫塊，流出膿血。其他症狀則包括發燒、嘔吐、腹瀉，最後則會死亡。

## 瘟疫到來

1347年10月，一支小船隊抵達西西里的美西納。船上的許多水手不是重病就是死亡，他們的身體有很多發黑的癤，並流著膿血。瘟疫就這麼降臨了。在接下來的幾年間，黑死病殺死了超過2,000萬人，就相當於當時歐洲的三分之一人口。

## 今天的瘟疫

自1300年代的第一波瘟疫後，世界各地陸續發生了數場瘟疫。直到18世紀，歐洲各地和伊斯蘭世界持續爆發瘟疫，1850年代又發生一場大流行，光在印度就造成1,000萬人喪命。直到今天，各地仍時不時會爆發鼠疫。

歐洲兒歌《玫瑰花圈》的歌詞就在描述瘟疫症狀。「玫瑰花圈」指的是皮膚出現紅疹，「袋子裡滿是花束」指的是人們到哪都帶著裝滿花的袋子，試圖藉此避免染上瘟疫，「啊嚏」指的是發燒的人們打噴嚏，「我們都倒下來」指的是人們不斷死去。

# 馬利帝國

馬利帝國約從西元**1240**年興盛起來，直到**15**世紀中期經歷數場內戰後，國勢漸漸衰落。雖然勢力衰退，但它直到**1645**年左右才被桑海帝國打敗。馬利帝國在當時是非洲史上最富庶的帝國之一。

## 貿易路線

馬利帝國建於數條當時最富裕的貿易路徑之間，並一步步壯大。它的南方是雨林，北方是撒哈拉沙漠，帝國則位在數條橫跨南北與東西的貿易路線交會處。駱駝組成的商隊運送鹽、象牙、布匹、武器、糖、香料、奴隸和金子。馬利帝國藉由徵收貨物稅和買賣商品而變得極為富裕。馬利帝國也握有非常豐富的自然資源。

通往摩洛哥的貿易之路

通往突尼西亞的貿易之路

廷布克圖

**馬利帝國**

通往的黎波里和查德湖的貿易之路

馬利帝國的君主稱為「曼薩」，意指「國王」。整個帝國中，只有曼薩可以擁有金塊，其他人都只能擁有金砂。

## 無止境的財富

非洲和歐洲各地都流傳著馬利帝國多麼富有的傳說。馬利國王在1324年拜訪開羅時送出大量金子，以致這種貴金屬的價格因數量過多而下跌了20％。早期歐洲的地圖繪製者，常在非洲的區塊畫上馬利國王坐在華麗王位上，手中握著一大塊金塊。

## 伊本·巴圖塔

伊本·巴圖塔是名偉大的摩洛哥探險家,他在西元1352年左右抵達馬利帝國,是少數拜訪這兒的人士之一。巴圖塔前往非洲和亞洲各地,有人估計他旅行超過120,000公里。

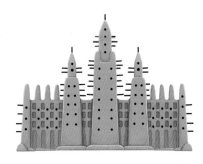

## 伊斯蘭的影響

穆斯林商人和遊客深深影響了馬利帝國,在曼薩·木薩一世統治期間(西元1312~1337年),全國改信伊斯蘭教。他前往麥加朝聖後,帶著許多穆斯林學者和建築師回國,在當地建立伊斯蘭學校、圖書館和清真寺,比如廷布克圖的桑克雷清真寺。

## 泥土建築

由於這一帶缺少石塊,許多馬利建築都以壓實的泥土建造,使用木棍和木枝束強化結構,其中有些枝條會凸出牆面。

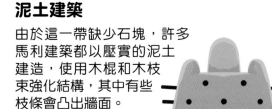

從西元**589**年開始，中國控制的地區與邊界在接下來的**800**年間，隨著君主擴張勢力或遭到外敵侵略推翻而不時變動。

### 朝代不斷更替的帝國

這個時期陸續出現了許多朝代，包括隋朝（西元581~618年）、唐朝（西元618~907年）、宋朝（西元960~1279年）和元朝（西元1271~1368年）。在此期間，中國的富庶程度和政治勢力都有相當大的變化，時而失去許多地區，時而又將失土重新納入版圖。唐朝因一連串的動亂而覆滅後，中國陷入分裂，直到50年後才在宋朝下統一。

### 絲路

絲路始於漢朝（見32~33頁），是一個連接中國、波斯、阿拉伯和歐洲的貿易路線。它的名字來自珍貴的絲綢，直到拜占庭皇帝查士丁尼派出的間諜好不容易偷偷把蠶帶回國內，歐洲才掌握了絲綢的製法。對中國來說，絲路是重要的貿易之路，中國藉由絲路，把茶葉、染料、瓷器和火藥賣到西方。直到15世紀中期，鄂圖曼帝國（見86~87頁）征服各地，切斷了陸路運輸，絲路也因而中斷。

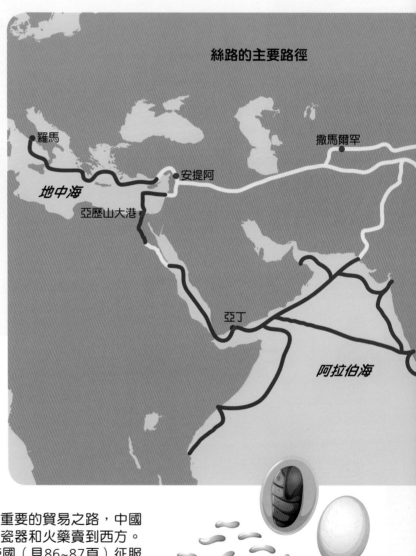

絲路的主要路徑

羅馬

撒馬爾罕

安提阿

地中海

亞歷山大港

亞丁

阿拉伯海

絲線的原料取自蠶結蛹前所吐的絲。

圖說：

━━━ 海路　　　　陸路

蘭州

坦路克　　　廣州

## 中國發明

中世紀時期，中國達成許多革新與發 明，並且很快就傳到世界各地。這些發 明包括：

### 紙幣

史上最早的紙幣出現在7世紀， 也就是唐朝和宋朝時期。商 人用紙幣當作商品收 據，這樣一來就 不用隨身帶著沉 重的銅幣與金幣 等貴金屬。

### 火藥

中國的煉丹術士在西元 **1000**年左右發明這種 會爆炸的粉末。火藥 一開始用來製造煙 火。隨著火藥的威 力愈來愈強大，到 了**12**世紀末，已用 來製造武器。

### 羅盤

宋朝把漢朝比較原始的磁石 裝置加以改良，在西元 **1040~1044**年間，文獻首次 提到航海用的羅盤：只要將 一條帶有磁性的鐵魚放在一 碗水中，浮在水中的鐵魚就 會指向南方。

## 馬可波羅

馬可波羅是威尼斯商人和探險家，也是首先拜訪中國，甚至在當地居住 的歐洲人之一。他在元朝忽必烈在位期間（見64~65頁），二度前往中 國，並在當地長期居住。第二次遠航中國時，他住了20多年，足跡遍及 中國各地。他回國後將旅遊見聞編寫成書，成為當時的暢銷書，被翻譯 成許多語言。

# 中世紀的日本

日本在中世紀時期發生一項劇變：一群領導者取代了皇帝的傳統地位。這時的日本動盪不安，除了內部爭鬥之外，也一直受到來自中國與元朝（見**64~65**頁）蒙古君主的威脅。

## 征夷大將軍

日本從史前時代就由皇帝及其臣子所統治。經過一場內戰後，勢力強大的氏族首領源賴朝（1147~1199年）在西元1192年成為征夷大將軍，也稱為幕府將軍。征夷大將軍掌握日本實權將近800年。

## 藝術與建築

日本的主要宗教佛教與神道，都推崇極簡的生活方式，這一點也反應在當時的藝術與建築上。屋舍與廟宇內部設計都很簡樸，其外則設有令人感到平靜的池塘和石頭造景的庭園。此時期使用墨水繪製、風格近似極簡印象派的畫作，通常以簡約的風景為主題。

## 日本武士

此時的日本動盪不安，軍士與藩主時常爆發衝突。在這場衝突中，一種新的戰士階級興起，稱為武士。武士自幼受到嚴格訓練，幾乎沒有兵器能難倒他們，但他們特別擅長使用弓箭和長刀。他們按照稱為「武士道」的榮譽規範生活，強調忠誠、勇氣和自律。

武士作戰時，身穿由獸皮和金屬製成的盔甲。

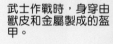

## 宗教

此時期的日本宗教將佛教與神道的傳統精神結合在一起。兩種宗教都不計個人背景，為所有人提供救贖和教化，寺院成為學習和培養藝術學派的重要場所。

除了中國與日本，東亞各地都有各種文明蓬勃發展，北從朝鮮半島，南至現今的泰國，乃至菲律賓群島。

## 朝鮮

高麗王朝在西元918~1392年間統治朝鮮半島，此時也是朝鮮文化的黃金時期，在藝術、陶瓷和印刷技術方面都大為進步。高麗工匠在1234年發展金屬活字印刷術，製陶工匠製作出名聲響亮的青瓷，這是一種淺綠色的瓷器，表面覆有光滑的釉料，也有繁複的鑲嵌圖樣。朝鮮在整個13世紀不斷受到蒙古人侵略，因此國勢漸漸下滑。

高麗王朝

## 高棉帝國

高棉帝國於西元802~1431年統治今柬埔寨、泰國、寮國和越南的大部分地區。高棉的建築工匠技藝高超，建造了許多廟宇、運河、水庫、橋梁和道路網。蒙古人在1250年代往南推進，占領中國，深入雲南，直到高棉帝國領土北部，迫使當地的暹羅泰族往南移動，搬到高棉定居。蒙古人很快就對高棉造成威脅，不到200年就占領高棉首都吳哥城，推翻了高棉帝國。

**12**世紀時，高麗王朝使用銀瓶做為貨幣。這些特製銀瓶都刻有官方國印。

高棉帝國

吳哥

## 吳哥窟

吳哥窟的高棉神廟是世上規模最大的宗教建築之一。它從西元1122年開工，花了近30年才落成。此座神廟占地近163公頃，有條200公尺寬、4公尺深的護城河。中央的高塔高達65公尺。吳哥窟本是供奉毗濕奴的神廟，但在14世紀改為佛寺，最終在16世紀荒廢。

第四章

近代

# 歐洲文藝復興

自14世紀開始，對古文明的興趣在歐洲引燃全新的文化運動。揮別中世紀，取而代之的是歷時約300年的文藝復興時期，這是涵蓋藝術、科學、建築、哲學發展的全新時代。

renaissance（文藝復興）一字的原意是「重生」。

## 印刷

約翰尼斯‧古騰堡是名金匠與發明家，他在1450年左右發明使用金屬活字的古騰堡印刷術，人們得以印刷大量文本與資訊。印刷術讓各種思想傳播得更遠，特別是古希臘與古羅馬留下的知識。

## 梅迪奇家族

富裕的梅迪奇家族自1434年起，治理義大利城市佛羅倫斯。他們資助了許多藝術家和思想家，包括達文西和米開朗基羅，這些人對文藝復興運動有相當大的影響。

## 藝術、科學和建築

文藝復興時期的藝術蓬勃發展，出現了許多史上極為知名的作品，比如達文西的《蒙娜麗莎》畫像，米開朗基羅在羅馬西斯汀禮拜堂的穹頂畫。在建築方面，菲利波‧布魯內萊斯基（1377~1446年）等建築師創造了有龐大圓頂的壯麗建築，比如佛羅倫斯聖母百花大教堂的圓頂。科學界也有許多進展，比如伽利略和哥白尼發現地球繞著太陽公轉。

## 宗教改革

1517年，德國僧侶馬丁‧路德寫了一系列反羅馬天主教廷的文章，並因此催生出新教，而新教名稱Protestant的原意就是「抗議」。這就是現今所知的「宗教改革運動」。文藝復興時期，天主教與新教經常發生衝突，有時演變成激烈戰事，比如1588年西班牙率領艦隊攻打英格蘭，以及歐洲中部在1618~1648年進行的三十年戰爭。

米開朗基羅

達文西

此時期的歐洲君主熱衷於擴張勢力，曾派出許多探險家尋找可定居的新土地，以及通往亞洲的新貿易航線。這些人前往各地探險時，發現了新大陸，也賺進了大把財富，但當地居民卻被迫付出慘痛的代價。

**圖說：**

➡ 迪西士

➡ 達·伽馬

➡ 哥倫布（1492年起）

➡ 卡布拉爾（巴西）

➡ 卡博特

➡ 麥哲倫

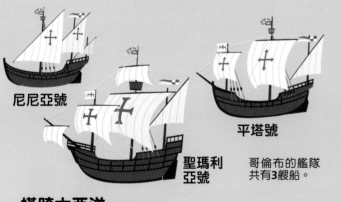

尼尼亞號

平塔號

聖瑪利亞號

哥倫布的艦隊共有**3**艘船。

## 橫跨大西洋

維京人早在近代開始前500年就曾定居美洲一段時間，但到了此時，歐洲人仍未發現美洲大陸。義大利探險家哥倫布說服西班牙國王資助他朝西遠征，目的是繞行世界，抵達亞洲。但他在1492年的首航並未抵達亞洲，而是登上美洲。

葡萄牙人以印度為目標航行，有時抵達南美洲，探索巴西附近的小島和沿岸地區；而由義大利探險家喬瓦尼·卡博特率領的英國遠征艦隊，則到了紐芬蘭。

哥倫布

## 代價

歐洲人占領、定居和開發新土地，很快就在各地建立起殖民地，成為帝國。他們搶奪當地資源再運回歐洲，在爭奪土地的過程中，許多當地人遭到殺害，或染上歐洲人帶來的疾病而喪命。倖存下來的人往往被趕出家園，或遭到綁架、販賣，淪為奴隸。

## 環球一周

1519年，麥哲倫率領5艘船，以繞過美洲，抵達香料群島（位於現今印尼）為目標。這場遠征歷時3年，麥哲倫在回到家鄉前就過世了，但證明了從歐洲往西航行，也會抵達亞洲。

## 繞行非洲

葡萄牙水手率先探索地中海以外的海域，在1419年發現馬德拉群島，接著又在1427年發現亞速爾群島。他們自1434年起進一步往南，繞著非洲西岸航行。巴爾托洛梅烏·迪亞士帶領歐洲人沿著非洲海岸一路往南，在1488年首次發現非洲最南端的好望角（今開普敦）並順利繞過，繼續航行。10年後，瓦斯科·達·伽馬率領另一場葡萄牙遠征任務，繞過非洲抵達印度，並建立海上直航貿易之路。

達·伽馬

# 非洲帝國

非洲各地充滿豐富的天然資源，又有許多條貿易之路，因此在歐洲人抵達前，非洲已有數個強大的王國。

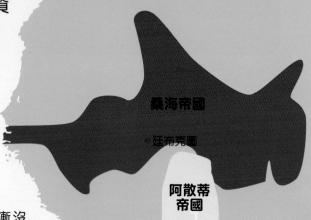

桑海帝國

廷布克圖

阿散蒂帝國

## 桑海帝國

隨著馬利帝國（見70~71頁）日漸沒落，桑海帝國在國王桑尼·阿里（1464~1492年）的帶領下，很快就取代前者留下的空缺。桑海帝國像馬利帝國一樣，主要從廷布克圖前往撒哈拉各地，進行金、象牙、香料、獸皮等商品貿易，因此變得愈來愈富庶。但在16世紀末，桑海帝國出現數名軟弱的君主又經歷數場內戰，國力因而漸漸衰頹。摩洛哥人在1590年入侵，桑海帝國就此滅亡。雖然摩洛哥軍只有4,000人，而桑海帝國約有40,000名士兵和騎兵，但還是敵不過握有火槍的摩洛哥人。

## 阿散蒂帝國

1670年代，阿散蒂國王奧塞·圖圖帶領人民四處征戰，在今加納南部建立了阿散蒂帝國。這兒富含金礦，因此阿散蒂是個非常富有的國家，而且阿散蒂君主的權力象徵，是一張只有國王能坐的金凳子。阿散蒂也藉由奴隸買賣增加財富，把奴隸賣到美洲（見90~91頁）。1800年代，英國不斷擴張在非洲的勢力，兩方發生衝突，最終在20世紀初，阿散蒂正式成為英國的保護國。1935年，阿散蒂王國復國，並在1957年加入剛獨立的加納共和國。

統治桑海帝國並非易事。史上的9名君主中，共有6名因動亂而遭到推翻或暗殺。

阿散蒂國旗中央有阿散蒂金凳子的圖樣

大辛巴威的圍城和
石塔遺跡

非洲

## 大辛巴威

　　大辛巴威的遺址原是辛巴威王國的首
都，在1300~1450年間，辛巴威王國
非常繁榮，因為這裡擁有肥沃的農田、
非洲東部的貿易路線和豐富的金礦。近
1500年左右，辛巴威開始沒落，曾經熱鬧
的城市如今只剩下少許遺跡：一座5.5公尺
厚、近10公尺高的乾石牆，圍繞一個可能曾是
皇宮的地方，圍城內有座極可能是穀倉的石
塔。這裡荒廢後便遭到洗劫，只剩下少數文
物。人們曾找到刻成鳥類的皂石雕像，現今辛
巴威國旗中央就有其中一座雕像的圖樣。

大辛巴威

## 祖魯

祖魯王國位在今南非境內，1818年，恰卡・祖
魯成為祖魯王國的首領。他重新整建祖魯王
國，創立中央政府和一支訓練有素的軍隊。接
著他擴張領土，征服附近的部落，將其納入祖
魯王國，確保他們對自己效忠。18世紀下半，
祖魯王國與來此開墾的波耳人和英國軍隊發生
衝突。1879年1月，祖魯王國在伊散德爾瓦納
戰役中打敗英國人，但是這一役反倒加深了英
國人取勝的決心，向祖魯王國首都烏倫迪進行
圍城戰，最終英國軍隊戰勝了祖魯王國。

祖魯

祖魯人的盾、
棍和矛

# 蒙兀兒帝國

強盛的蒙兀兒帝國控制印度大部分地區，建立了強大富庶的國家，打造了傲視全球、極為美麗的建築。

德里

蒙兀兒帝國

阿拉伯海

孟加拉灣

## 蒙古人的後裔

蒙兀兒帝國的第一位皇帝巴布爾，是偉大的蒙古君主成吉思汗和帖木兒的後代。巴布爾12歲就繼承了位在突厥斯坦的費爾干納王位，但很快就被推翻了。他搬到印度，統治印度北部。身為穆斯林的巴布爾接納各種宗教，融合波斯、印度和蒙古文化，他的帝國因與波斯和歐洲進行貿易往來而變得非常富裕。

蒙兀兒帝國的語言是烏爾都語，結合了波斯語、阿拉伯語和印地語。

## 蒙兀兒的君主

巴布爾於1530年過世後，他的兒子胡馬雍繼承王位。胡馬雍不是一位成功的君王，他在位期間失去了廣大領土。他的兒子阿克巴（1556~1605年在位）後來奪回印度的控制權，開啟了黃金時代，並延續到繼位者賈漢吉兒（1605~1627年在位）和沙賈漢（1628~1658年在位）時期。奧朗則布統治期間（1658~1707年在位）是蒙兀兒帝國的全盛時期，但奧朗則布不像過去的皇帝那麼開明，摧毀了成千上萬座印度廟宇和神龕。

## 泰姬瑪哈陵

亞格拉的泰姬瑪哈陵可說是蒙兀兒帝國最知名的建築。沙賈漢為了紀念妻子慕塔芝·瑪哈，在1631~1648年間建造了這座陵寢。沙賈漢從帝國各地召集石匠、雕刻家、畫家、書法家和藝術家，用白色大理石打造這座美麗的建築。

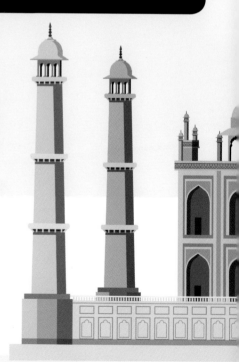

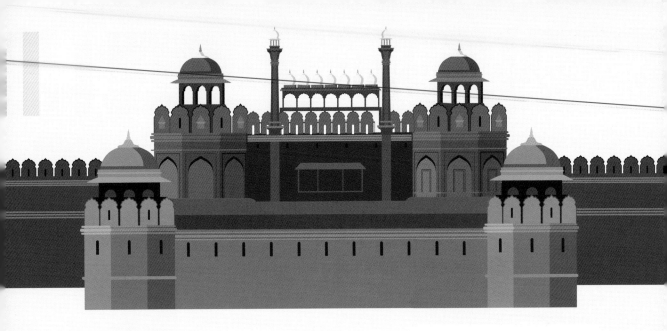

## 紅堡

沙賈漢在位時將首都移到德里的紅堡建築群。這座廣大的宮殿建於1639~1648年，周圍由近2.5公里長的防護牆包圍，城牆高達18~23公尺。雖然紅堡非常壯觀，但興建這些建築導致沙賈漢的國庫漸空，使他不得不提高稅收。

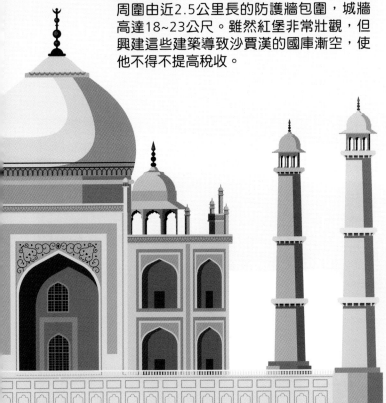

## 帝國的滅亡

在奧朗則布的高壓統治下，有些地方長官起身反抗，其中不少人背後有英法兩國的支持，因為此兩國急於擴張在印度的勢力。數名印度王子要求獨立，背後各有不同的歐洲國家支持，蒙兀兒帝國陷入分裂。最後幾名蒙兀兒皇帝淪為英國和法國的傀儡，末代蒙兀兒皇帝在1858年遭英國推翻，只能流亡海外。

英國東印度公司的旗幟。為了掌控資源，東印度公司在削弱蒙兀兒帝國勢力的過程中，扮演重要角色。

# 明朝與清朝

中國最後的兩個王朝，將中國勢力擴張到亞洲之外的地區，但外在衝突與內部爭戰最終讓中國帝國走向滅亡。

## 推翻元朝

明朝第一位皇帝明太祖朱元璋因父母早逝，曾入寺當小和尚。然而沒多久，他就因為荒年寺方難以收租而遭到遣散，被迫遊歷四方。後來，他加入紅巾軍，很快就獲得拔擢。他率兵占領應天（即今日的南京），以此為基地擴張勢力。最終，明太祖拿下元朝首都北京，趕走了創立元朝的蒙古人（見72~73頁）。明朝從1368年延續至1644年。

## 明朝

明朝早期的君主施行嚴厲的軍事統治，要求人民對皇帝絕對服從，同時清剿反抗者。他們積極擴張貿易，派人前去印度洋和亞洲各地考察，加強互動。他們也邀請外國諸夷前來參訪，增加交流。此外，北方的蒙古人依舊不時進犯，因此明朝致力加強長城工事，以便抵禦外族侵略。

荷姆玄

吉達

摩加迪休

蒙巴薩

## 明朝瓷器

明朝最知名的商品是瓷器。工匠研磨瓷石，將它與高嶺土混合，再進行燒製，然後畫上豐富多彩的景色，但最受歡迎的色彩是藍色和白色。明朝瓷器大受歡迎，廣受歐洲等遠方市場喜愛。

## 鄭和

永樂帝命鄭和將軍率領一支艦隊遠航，擴張中國在印度洋的貿易和影響力。他在1405年率領第一支艦隊起程，帶著27,800人和超過300艘船隻。這支艦隊擁有多達62艘寶船，船隻大小比當時的其他船隻都大上許多。有些歷史學家認為最大的寶船長達130公尺。鄭和自1405年到他過世的1433年間，總共帶領了7次遠征，前往婆羅洲、錫蘭（斯里蘭卡）、印度、阿拉伯半島和非洲沿岸。

鄭和的寶船（藍色）和當時一般歐洲船隻（黃色）的大小。

## 清朝

17世紀上半，來自東北的滿族一再侵略，威脅明朝的安全。1644年，這些入侵者打敗了中國皇帝，建立清朝，統治中國直到1912年。

清朝的龍旗

**鄭和下西洋**

南京

蘇州

吉大港

阿育他亞

歸仁

科契

加勒

泗水

圖說：
— 1405~1411年
— 1413~1422年
— 1424~1433年

清朝的乾隆皇帝熱愛寫作，在位期間出版了超過 **42,000**首詩作。

## 鴉片戰爭

18世紀時，鴉片在中國被當作藥物使用，但太多人因過度使用成癮，因此遭到中國禁用。英國商人長年從印度進口鴉片並外銷到中國，賺取暴利，仍舊無視律法提供鴉片。1840年，當中國官員試圖阻止鴉片進口，英國人派出船隻與部隊，引發第一次鴉片戰爭。戰爭歷時兩年，後來中國被迫接受鴉片進口。

## 帝國的終結

直到溥儀在**1912**年退位之前，北京的紫禁城一直是中國皇帝居住的宮殿。

清朝因接連不斷的衝突而漸漸衰亡，比如1850~1864年間的太平天國之亂，造成2,000萬名中國人喪命；以及義和團運動，在清朝君主的支持下，義和團對抗歐洲人和美國人，最終被西方軍隊打敗。人民不滿的情緒蔓延，最後在1911年，一連串的起義造成許多省分紛紛宣布獨立。隔年，末代皇帝溥儀宣布退位，中國帝國到此終結。

# 鄂圖曼帝國

鄂圖曼帝國以原拜占庭帝國首都為中心,逐漸擴張為世上最廣大的帝國之一,統治橫跨亞洲、歐洲和非洲的遼闊領土和無數人民。

## 鄂圖曼帝國的崛起

13世紀末,奧斯曼一世統治數個住在土耳其安納托力亞一帶的部落。蒙古人入侵並打敗當時掌權的塞爾柱王朝後,奧斯曼率軍進攻西邊的拜占庭帝國,占領他們的土地。繼任的奧爾汗、穆拉德一世和巴耶濟德一世,接連朝南方和東方擴張帝國領土。

奧斯曼一世

托普卡匹皇宮
入口

歷任蘇丹為免遭到暗殺,每晚都會更換就寢地點。

蘇丹穆罕默德二世

## 托普卡匹皇宮

蘇丹穆罕默德二世在1453年占領君士坦丁堡後,將首都移到此處,並改名為伊斯坦堡。鄂圖曼蘇丹住在非常華麗的托普卡匹皇宮,裡面有數十座庭院、花園和超過200間裝飾華麗的廳堂。蘇丹的嬪妃、侍女與宦宮也都居住在皇宮裡。

## 帝國

蘇萊曼大帝在位期間（1520~1566年），帶領鄂圖曼帝國進入全盛時期，廣大的國土西起維也納城門，並往歐洲東南部延伸至烏克蘭，再深入中東和非洲北部沿岸一帶。

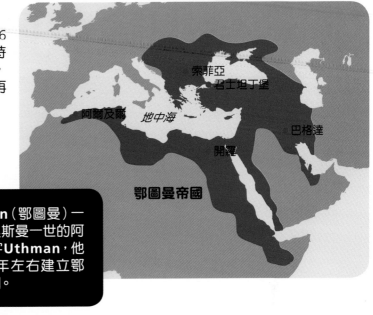

索菲亞

君士坦丁堡

阿爾及爾

地中海

巴格達

開羅

**鄂圖曼帝國**

**Ottoman**（鄂圖曼）一字來自奧斯曼一世的阿拉伯名字**Uthman**，他在**1300**年左右建立鄂圖曼帝國。

## 開明包容的社會

鄂圖曼帝國歷任蘇丹統一了廣大領土，成功治理各地的不同民族，維持境內和平。以君士坦丁堡為中樞的貿易往來讓帝國愈來愈富庶，規畫良好的政治系統確保社會順暢且有效率地運作。雖然人民以穆斯林為主，但帝國也包容信仰其他宗教的族群，給予他們一定的自治權，形成所謂的「米利特」系統。

自14世紀開始，帝國設置「德夫希爾梅」系統（意指「募集」），被征服的基督教地區必須交出五分之一的男童，他們必須改信伊斯蘭教並成為奴隸。即使如此，他們還是有機會在鄂圖曼公務系統晉升，登上握有大權的職位。

## 沒落與敗亡

蘇萊曼大帝在1566年過世後，鄂圖曼帝國就進入長期衰退。國土不再擴張，甚至開始失去領土。希臘在1830年獨立成功，而在1878年，羅馬尼亞、保加利亞和塞爾維亞紛紛獨立。巴爾幹半島自1912年起就陷入戰火，此時鄂圖曼幾乎失去所有歐洲領土。為了提升威望，鄂圖曼在第一次世界大戰加入德國和奧匈帝國（見102~103頁），最終在1918年戰敗。鄂圖曼帝國在1922年正式滅亡。隔年，在穆斯塔法·凱末爾·阿塔圖克的帶領下，土耳其共和國於1923年成立。

穆斯塔法·凱末爾·阿塔圖克

# 科學與啟蒙運動

自16世紀中葉開始,歐洲各地興起一股新思潮,引起一場革命,改變人們看待世界(以及地球外的世界)的方式。這場科學革命之後,人們開始探索自己在社會中的地位,展開啟蒙時代。

迪卡兒

## 科學方法

科學革命的核心,就是人們改變收集資料、判讀事實的方式。人們不再盲目遵從過去流傳下來的知識,重新觀察、收集資料與證據,提出全新的理論。培根、笛卡兒、霍布斯和洛克等思想家,是這波浪潮的關鍵人物,他們的新觀點徹底改變了許多科學領域。

## 天文學

哥白尼(1473~1543年)從研究中得出地球繞著太陽公轉的結論,而不是當時人們所認為的太陽繞著地球轉。克卜勒(1571~1630年)和伽利略(1564~1642年)使用當時最先進的工具「望遠鏡」來研究夜空,得出的結論支持哥白尼的模型。

克卜勒

伽利略

哥白尼

## 化學與物理

英國化學家波以耳（1627~1691年）研究氣體時，發現氣體體積與壓力之間的關係，現在稱為「波以耳定律」。他也是首先探討原子、分子和化學反應這三者關係的化學家之一。

物理界的專家研究光與光的作用後，製作出功能更強大的望遠鏡。這讓天文學家得以進一步研究，比如荷蘭科學家惠更斯（1629~1695年）便藉由望遠鏡研究土星環，發現土星的衛星泰坦（也稱為土衛六）。

## 解剖學與醫學

有些科學家專心研究人體。佛蘭德斯醫生安德雷亞斯·維薩里（1514~1564年）經過仔細解剖研究，畫出精細的人體構造圖。英國科學家威廉·哈維（1578~1657年）研究心臟和血管，發現血液在體內各處循環，而不是由肝臟不斷製造新的血液。

牛頓

### 牛頓

牛頓爵士（1643~1727年）可說是當時最偉大的科學家。他研究光與光學、運動定律，以及重力如何影響宇宙萬物，從潮汐到繞著恆星公轉的行星和彗星軌道等等。

牛頓研究如何用稜鏡將白光拆解成不同顏色的光。

## 啟蒙運動

1685~1815年間，許多思想家開始質疑社會結構和傳統君主的角色。受到科學革命的新發現啟發，盧梭（1712~1778年）、亞當斯密（1723~1790年）和伏爾泰（1694~1778年）等知識分子和哲學家開啟了新的思潮。他們所提倡的觀念，主要是進步、包容、自由和憲政體制。

伏爾泰

## 激發反抗運動

啟蒙運動提出的各種觀念，加深社會大眾的不滿，並在18世紀下半葉爆發，引發一連串反抗運動。這些事件包括美國革命（1765~1783年）、獨立宣言（見92頁），以及法國大革命（見93頁）。

# 跨大西洋奴隸貿易

在300多年間，上千萬名非洲人被迫離開家園，販賣至美洲為奴，必須在嚴苛的環境下賣命工作。

## 人口買賣

16世紀初，葡萄牙和西班牙水手把非洲人運送至剛建立的美洲殖民地工作，開啟了奴隸運送與買賣。英國和法國也加入這項貿易活動，好為他們在加勒比海和北美的殖民地提供奴隸。17世紀，隨著這些區域的甘蔗田大量增加，奴隸的需求也跟著上升。

甘蔗

裝袋的粗糖

甘蔗園種植甘蔗，加工後變成粗糖。

## 三角貿易

英國奴隸商人進行三階段的三角貿易：

1. 商船載滿槍隻、布料等貨品，從英國運到非洲西部販賣，再載滿奴隸。

2. 奴隸被運到加勒比海，在奴隸市場販賣。

3. 船隻載滿蘭姆酒、糖和其他原料，再回到英國販賣。

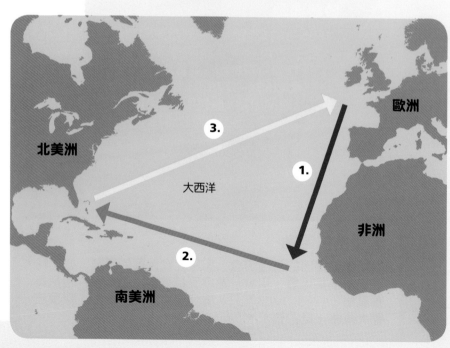

歐洲

北美洲

大西洋

非洲

南美洲

## 中段航程

從16世紀中期到19世紀中期，超過1,200萬人被當作奴隸，從非洲被賣到西印度群島。

從非洲航向美洲的這段航程稱為「中段航程」，船上環境非常惡劣，奴隸商人將數百人塞進甲板下方。這些奴隸都被鐵鍊銬在一起，必須忍受高溫與氧氣不足。這段橫跨大西洋的航程約8,000公里，時間長達數週。據估計，超過200萬名奴隸在這段航程中喪命。

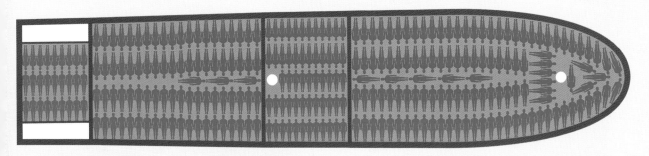

此圖呈現中段航程期間，有多少奴隸被關在甲板下方。

## 奴隸的生活

一抵達西印度群島，商人就在市場與拍賣會上賣掉奴隸。許多人被帶往稱為「適應營」的訓練營，學習服從新主人的指令。主人通常會殘暴地施行命令，如果奴隸不照做，就鞭打他們。逃走的奴隸會遭到獵捕，抓到後還會遭受烙印甚至截肢等懲罰，以達到殺雞儆猴的效果。

## 奴隸制的終結？

有些地方的奴隸群起反抗主人。1791年，杜桑・盧維杜爾帶領了一場反抗行動，成功推翻法屬聖多明戈的法國統治者，建立新國家海地。18世紀末年，歐洲對奴隸的看法開始改變。在英國，許多團體和人士，比如貴格會和政治人物威廉・威伯福斯都提倡廢除奴隸制度。1807年，英國政府施行《廢除奴隸貿易法案》，禁止奴隸買賣，並在1833年推行到整個大英帝國。美國國會在1808年禁止進口奴隸，但奴隸制又持續了50年，直到美國南北戰爭（見98~99頁）後才畫下句點。1888年，南美洲的巴西禁止奴隸買賣。

杜桑・盧維杜爾

威廉・威伯福斯

# 美國獨立革命

1763年，英法結束七年戰爭（**1756~1763年**），英國雖大獲全勝，卻必須募款支應長年戰爭所造成的龐大債務，因此轉向北美洲殖民地，試圖增加稅收，許多當地居民對此非常憤怒。

茶葉

## 茶杯裡的風暴

英國在北美洲共有13個殖民地，七年戰爭結束後，英國在數年間向當地居民多課徵了幾種稅，比如1765年推行《印花稅法》，1773年推行《茶稅法》，引發當地民眾抗議。1773年12月的「波士頓茶黨事件」就是其中一場抗議行動，殖民地居民打扮成莫霍克原住民，登上英國船隻，把裝滿茶葉的箱子都丟進波士頓港。

## 開戰

1775年4月，殖民地民兵收集武器的謠言四起，英國軍隊從波士頓行軍到麻薩諸塞州的康科德，打算奪取民兵的武器。但當地民兵阻擋英軍，爆發萊辛頓和康科德戰役，揭開美國獨立戰爭的序幕。

喬治·華盛頓

## 《獨立宣言》

殖民地的代表組成國會，投票通過組建軍隊的計畫，由喬治·華盛頓將軍擔任總司令。1776年7月4日，國會宣布通過《獨立宣言》。

## 重整軍隊

獨立戰爭頭幾年，雙方各有勝敗，但1777年10月，美軍贏得關鍵性的薩拉托加一役，一支英軍投降。法國和西班牙受到鼓舞，加入美軍陣營。1777~1778年間，華盛頓率領軍隊度過了艱苦的冬天，他們在冰天雪地的賓夕法尼亞州福吉谷紮營，重新整建軍隊並進行訓練。

## 約克敦和巴黎

到了1781年秋天，美軍將查爾斯·康沃利斯侯爵率領的英軍，逼退至維吉尼亞州的約克敦。康沃利斯遭法國艦隊和美軍包圍，只能投降交出整個軍隊，這場漫長戰爭漸漸接近終點。最終，兩方在1783年簽訂《巴黎和約》，英國正式承認美國獨立，戰爭就此結束。

# 法國大革命

法國國王路易十六傾盡全力支持美國獨立戰爭，對抗英國，但也造成國庫虛空，不得不增加法國貴族、教會和中產階級的稅來增加收入。

### 增加收入

法國制度將人民分為貴族、教士和平民等三個階級。1789年5月5日，路易十六召集這些人士，在凡爾賽宮舉行「三級會議」。被稱為「第三級」的平民對投票過程不滿，另行組成「國民議會」。有些貴族和教士也加入國民議會，迫使路易十六接受他們的要求。

第三個階級占了法國**98%**的人口，票數卻仍會被其他兩個階級超過。

### 巴黎暴民

對軍事政變的擔憂，在巴黎引發許多抗議和暴力事件。1789年7月14日，一群暴民衝入巴士底監獄，釋放囚犯，好取得存放在獄中的武器與火藥。對革命的狂熱擴散到法國各地，人們攻擊稅務官和貴族，也放火燒毀他們的房屋。1789年8月4日，國民議會通過《人權和公民權宣言》，保障人人平等、言論自由，並組成代議政府。但許多人覺得這樣還不夠。

### 恐怖時期

1792年9月，法國大革命愈演愈烈，一群激進分子席捲巴黎，把他們認為反革命的人士全都殺掉，並且掌控國民議會。他們廢除君主制，宣布法國為共和國。隔年一月，路易十六和妻子瑪麗·安東尼都被判處死刑。1793~1794年間，數萬人被處以死刑，史稱「恐怖時期」。

為了迅速處決反革命人士而發明的斷頭台。

### 拿破崙的崛起

恐怖時期結束後的數年間，法國陷入財政危機、腐敗嚴重，民間不時發生動亂。1799年11月9日，身為軍隊總司令的年輕將軍拿破崙發動政變推翻政府，成為法國第一執政。

# 工業革命

自18世紀中期開始，隨著農牧技術進步與工業化，許多國家都出現重大變化，大量人口從鄉村搬到人口擁擠的大城市。

## 農牧業的變化

種植農作物與畜養牲口的方法不斷進步，比如改善輪作模式，使用播種機等機械，因此只要使用比以前少的人力，就能生產更多的糧食。許多人失去工作，不得不搬到城市找工作，賺取收入和食物。

紐可門蒸汽機

## 動力來源

英國發明家湯瑪斯·紐可門和詹姆斯·瓦特發明了蒸汽機，為機械提供穩定的動力。為了讓這些發動機運作，需要更多的煤。1820和1830年代，英國科學家麥可·法拉第展示讓電流通過一個磁場中的線圈，就會產生運動，而在磁場內旋轉的線圈也會產生電流。後來的電動機和發電機，就是根據這些定律發展出來，它們為機械提供動力，製造電力。

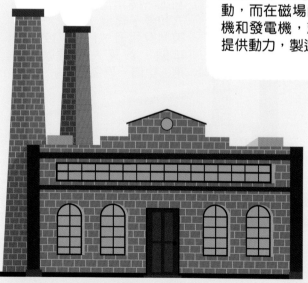

## 工廠的興起

人們不斷改良機械，比如詹姆斯·哈格里夫斯、理查·阿克萊和埃德蒙·卡特賴特都發明了不同的紡織機，工廠也愈建愈大。工業革命之前，紡織工在家中紡織布料，產量有限；到了工業革命，人們可透過更有效率的機器，在短時間內製造大量布料。

## 科技

其他方面的科技發展，包括增加鐵與鋼等堅固原料的生產。這些原料不只用於建造鐵橋，也用來創造新的交通工具。人類學會利用電力後，也發展出新的溝通形式，比如電報和1876年由貝爾發明的電話。人們也用電來產生光亮，1878~1879年間，英國的約瑟夫·斯萬和美國的湯瑪斯·愛迪生分別發明了最早的燈泡。

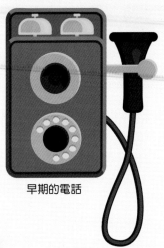

早期的電話

鐵橋

1750年，英國15%的人口住在城鎮與都市。到了1900年，這個數字增加85%。

## 生活與工作環境

大量人口湧入都市，住在便宜低劣、設施不全的房屋中，在惡劣的環境裡生活。霍亂等疾病相當常見。工作環境也一樣糟糕，工人的安全也未受到重視。由於生活與工作環境惡劣，1810年代出現最早的勞工組織，以保護勞工、提高薪資、改善工作條件為目標。

公用水泵的水不乾淨，容易散播霍亂等疾病。

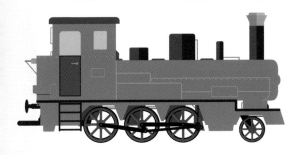

## 交通

工業革命期間，人的交通方式也出現重大改變。為了應付礦場、工廠與都市間的繁忙交通，道路路況大幅改善。1829年，英國的大令頓和斯托克頓之間出現第一條鐵路，倫敦從1863年起開始建造地下鐵路網。船隻使用蒸汽引擎航行，1845年，由伊桑巴德·金德姆·布魯內爾設計的大不列顛號蒸汽船，成為第一艘橫渡海洋的螺旋槳鐵船。1885年，德國工程師卡爾·賓士發明了使用引擎驅動的車輛，靠內燃機提供動力。

# 歐洲帝國

歐洲人為了尋找航向東方的新貿易路徑而四處探險，並因此發現更多新大陸。一開始，他們把這些地方當作貿易航線的中途站，但很快就發現各地具有不同的自然資源，便不顧原本居民的意願就把土地與資源占為己有。

## 非洲

在1870年代，歐洲只控制10％的非洲。但在接下來的30年間，歐洲各國競相爭奪非洲土地，到了1900年，歐洲人已占領非洲90％的土地。在這場殖民競賽中，英國位居首位，一掌控埃及和南非後，就想辦法連接這兩個一南一北的國度，併吞中間的龐大地區。

德國、法國、義大利、葡萄牙、西班牙和比利時等國，也爭相占領非洲土地。一直到20世紀，比利時都在比屬剛果殘暴地虐待奴隸，殺害眾多當地居民。

## 印度

英國失去位在美洲的殖民地（見92頁），又被荷蘭東印度公司趕出東亞，於是將目標轉向印度。隨著蒙兀兒帝國瓦解（見82~83頁），再加上另一名競爭者法國在七年戰爭中落敗，英國得以在印度各地拓展勢力，於19世紀中期征服整個印度。

## 北美洲

法國人和英國人爭相在北美洲拓展勢力。英國人在東岸建立殖民地，並奪取荷蘭人的殖民地，而法國人則在墨西哥灣附近的南部地區定居並向內陸推進，也在現今的加拿大地區建立殖民地（七年戰爭後，英國取得加拿大的控制權）。英、法兩國也與西班牙爭奪位在加勒比海的島嶼。

## 東亞

葡萄牙發現通往印度洋的航道（見78~79頁）後，不需與其他歐洲強權競爭，就在印度和東印度群島進行貿易與殖民。17世紀，荷蘭的東印度公司挑戰葡萄牙人在此的勢力，接著英國也在此成立東印度公司。這兩家東印度公司都握有自己的軍隊和艦隊，除了互相征戰，也會攻擊當地居民，搶奪貿易權。

## 南美洲與中美洲

1494年的《托德西利亞斯條約》以教皇子午線切過大西洋維德角西邊1,900公里處，把美洲一分為二。根據條約，這條線東邊的土地，包括巴西，都歸葡萄牙所有，而西邊的土地都歸西班牙所有。西班牙人在南美各地擴張勢力，並進入中美洲，征服當地人民，把他們當作奴隸，將大量寶物送回西班牙。

## 大洋洲

荷蘭人發現澳洲大陸，但並未在該處殖民，直到英國人抵達才把這兒和附近的紐西蘭納入領土。澳洲一開始被當作流放地使用，第一支載了大量罪犯的艦隊在1788年1月20日靠岸。

# 美國南北戰爭

美國全名美利堅合眾國，於建國80多年後陷入內戰。北方州與南方州的差異不斷擴大，導致兩方紛爭不斷，對奴隸制的歧異讓美國陷入分裂，雙方開戰。

**圖說：**

■ 組成邦聯的11州

亞伯拉罕·林肯

### 南北對抗

美國建國後，北方州工業化的腳步加快，而南方州則以農牧業為主，仰賴數百萬名奴隸辛勤耕作。美國從1808年起禁止進口奴隸，但有些州仍允許買賣奴隸與他們的子女。北方州認為應該徹底廢除奴隸制，但南方州認為該保留奴隸制。1860年，反對奴隸制的亞伯拉罕·林肯當選總統，但許多南方州不信任他。因此，數州退出美國，建立自己的美利堅聯盟國，簡稱邦聯。到了1861年6月，共有11州加入邦聯。

至1860年，約有**400萬**名奴隸在南方各州賣命工作。

### 戰爭開打

一開始，林肯允許南方邦聯的部隊接收一些原屬美國的軍事堡壘，但他拒絕放棄位在南卡羅來納州的桑特堡。1861年4月12日，南方邦聯的部隊朝桑特堡開火，美國南北戰爭就此展開。

## 海戰

北方聯邦州擁有比南方邦聯州更強大的艦隊，他們利用這些船隻圍困南方州，阻擋他們取得物資，林肯稱此為「蟒蛇計畫」。最出名的一場海戰發生在維吉尼亞州沿岸，南方邦聯州的維吉尼亞號與北方聯邦州的莫尼特號，兩艘鐵甲船激烈交戰。經過3小時的戰事，無人取勝，因為雙方發射的子彈一碰到敵方船身的鐵甲，就被反彈掉了！

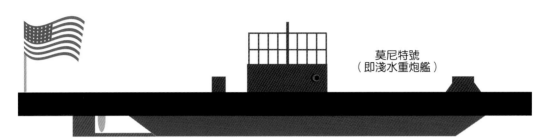

莫尼特號
（即淺水重炮艦）

## 陸戰

開戰初期，北方聯邦州輸了幾場戰事，但隨著各州的工業加快生產，各種設備的產量大增，也開始在戰場上取得勝利。南北戰爭的戰事往往非常血腥，士兵緊靠彼此往前行進，子彈齊發，接著緊握刺刀往前衝刺。1863年的蓋茨堡一役，3天戰事共有50,000多人死傷。

北方的聯邦兵　　　　南方的邦聯兵

## 解放奴隸

隨著北方州取得優勢，林肯在1863年1月1日發表《解放奴隸宣言》，主張讓所有奴隸獲得自由。這份宣言雖然無法解放南方邦聯的黑奴，但明確把奴隸制視為內戰主因，並獲得外國支持，特別是英國。英國在此之前原本支持南方邦聯。

## 南方投降

1865年初，聯邦軍隊已深入南方邦聯，甚至威脅位在維吉尼亞州的首都里奇蒙。1865年4月2日，南方邦聯政府逃離首都，所剩不多的士兵在維吉尼亞州的阿波馬托克斯郡府落敗，迫使指揮官羅伯特・E・李投降，南北戰爭就此結束。不到兩週，林肯在1865年4月14日於華盛頓特區觀賞戲劇表演時，遭約翰・威爾克斯・布斯刺殺身亡。

# 爭取投票權

放眼歷史，男性和女性獲得的權利大不相同，特別是在投票權與參與政治事務方面。**19**世紀和**20**世紀初期，婦女為了取得投票權，四處積極游說，有時也採取極端的行動。

### 背景

歷史上有許多社會自稱為民主政體，比如古羅馬和古希臘，但他們從未賦予女性參與投票的權利。18世紀末和19世紀初，投票資格擴大，更多男性因符合收入或資產標準而獲得投票權，但女性仍然不能投票。到了19世紀中期，有些地區雖允許女性投票，卻只能參與小型的地方選舉，不能在全國選舉中投票。

## X

## 選票

英文**suffrage**一字指在公開政治選舉中投票的權利。

### 投票權運動

有些國家的婦女開始組成團體，積極爭取投票權。有些人傾向透過合法手段，但有些婦女打算採用更極端的方式，這些人後來被稱為婦女參政運動人士。英國的艾米琳·潘克斯特是婦女參政運動的關鍵人士之一。她在1903年組成婦女社會與政治聯盟，聯盟的座右銘是「坐而言，不如起而行」。

### 抗議方法

爭取投票權的團體舉行抗議示威遊行，有些團體則更進一步，攻擊、破壞重要人物的住所，向政治人物丟擲石頭，或把自己綁在政府建築上。許多人都遭到逮捕，他們以絕食手段繼續抗爭，若沒有人強迫餵食就可能喪命。1913年6月4日，英國婦女參政運動人士埃米莉·戴維森，在英國國家障礙賽馬會上衝向英國國王的馬匹而受傷，後來因傷勢太過嚴重身亡。

投票權

婦女投票權

X

## 賦予投票權

近19世紀末，有些國家開始賦予婦女投票權。第一個國家是領土涵蓋庫克群島的紐西蘭，在1893年允許婦女投票。其他國家也紛紛開始效法：

**1902年：澳洲**

**1906年：芬蘭（當時仍為俄羅斯領土）**

**1913年：挪威**

**1915年：丹麥**

第一次世界大戰後，數個國家都賦予女性投票權：

**1917年：蘇聯**

這裡列出各國婦女獲得投票權的年分，但部分女性仍因種族問題而無法取得投票權。例如，澳洲在**1962年**之前，原住民婦女都無法投票，而美國有些州直到**1965年**頒布《選舉法案》後，黑人婦女才得以投票。

**1918年：加拿大、奧地利、德國、波蘭、英國、美國和匈牙利**

**1920年：捷克斯洛伐克**

# 第一次世界大戰

1914~1918年間，一場全球性的衝突讓世界陷入分歧，這場戰爭簡稱為一戰。戰火蔓延世界各地，數以百萬計的人們因此喪命。

## 戰爭起因

20世紀初，許多國家組成兩大敵對的陣營。兩大陣營的衝突愈演愈烈，許多巴爾幹小國發生一連串的事件，引發戰爭。1914年6月28日，奧匈帝國的法蘭茲·斐迪南大公在波士尼亞遭到暗殺身亡。奧匈帝國怪罪塞爾維亞，俄羅斯動員軍隊支援塞爾維亞，德國向俄羅斯宣戰，進攻比利時、盧森堡和法國，英國因此向德國宣戰。

### 誰在哪一個陣營？

**協約國**
包括俄羅斯、大英帝國、法國和義大利（美國也在1917年加入）。

**同盟國**
也稱為中央國，包括德國、奧匈帝國和鄂圖曼帝國。

## 陸戰

德國在歐洲西部的進攻很快就慢了下來，雙方陣營都挖掘很長的壕溝網，戰事陷入僵局。一戰期間，雙方都試圖用各種途徑突破敵方陣線，包括大量轟炸、毒氣，以及新發明：坦克戰車。

協約國軍力
超過
**4,200萬**……

……而同盟國的軍力
略低於
**2,300萬**

齊柏林飛船
**L. 32號**

福克DR1
三翼戰鬥機

## 空戰

飛機原本用在刺探敵軍的偵察任務，但很快就用於攻擊，朝敵軍、城鎮與都市拋下炸彈。軍用飛機有德國福克三翼機等迅速的小型戰鬥機，也有大型的轟炸機。其中最龐大的是齊柏林飛船，使用比空氣輕的氫氣，得以在空中飄浮。

「坦克」（tank）一詞來自發明過程中為了保密所使用的代號，原指水箱。

英國Mark I坦克

## 坦克

英國發明了覆蓋重型裝甲的機械車輛，稱為坦克，一開始用來輾壓敵軍戰線。英國在1916年9月15日的夫雷爾－古瑟列特戰役首次把坦克送上戰場，但開戰時派出的32輛坦克中，只有9輛抵達德軍戰線，好幾台都在途中就故障了。

## 海戰

一戰之前，德國和英國就在進行軍備競賽，雙方都急於打造最強的海軍。但是一戰只有一場大型海戰，也就是1916年5月31日~6月1日的日德蘭海戰。約150艘英國戰船對抗100艘德國戰船，但雙方都並未取得決定性勝利。德國的U型潛艇從海面下擊沉運送補給品的商船。1917年2~4月間，超過500艘商船被U型潛艇擊沉。

德國U型潛艇

## 代價與後果

一戰在1918年11月11日結束，協約國取得勝利，但超過900萬名士兵喪命，2,000萬人受傷。隔年，各國在法國巴黎近郊的凡爾賽簽下條約，要求德國支付天價賠款，並限制德國的軍事規模。《凡爾賽條約》也把奧匈帝國分成數個比較小的國家，同時組建國際組織「國家聯盟」，也就是聯合國的前身，以鼓勵外交、避免未來發生大型戰爭為目標。

國家聯盟的旗幟

# 俄國革命

1917年初，由沙皇統治的俄羅斯忙著打仗。但不過一年多一點的時間，俄羅斯就發生了足足兩次革命，人民推翻沙皇，俄羅斯不得不退出第一次世界大戰。

## 惡劣的處境，糟糕的戰爭

俄羅斯為了支持塞爾維亞與盟國英國和法國，而加入第一次世界大戰。俄羅斯雖然贏得初期的幾場戰事，但戰況對俄羅斯不利，俄軍很快就遭到裝備更精良的德軍逼退。而在俄羅斯國內，人民對戰爭以及戰爭引發的物資短缺感到不滿，也對俄羅斯政府的腐敗感到憤怒，發起示威抗議與暴動。

沙皇尼古拉二世

### 春季革命

1917年3月，人民為了抗議糧食短缺而走上街頭，暴動愈演愈烈，稱為「國家杜馬」的俄羅斯議會不得不迫使沙皇退位，成立新政府。但是新政府（俄羅斯臨時政府）並未退出一戰，也沒有解決糧食短缺問題，因而引起更多示威抗議。

### 布爾什維克革命

在列寧的領導下，一群稱為「布爾什維克」（俄文意指多數派）的團體以「和平、土地和麵包」為口號發起革命，獲得大量民眾支持。他們在1917年11月6~8日發動政變，占領重要建築，推翻政府。此革命立刻引發內戰，支持布爾什維克的軍隊稱為紅軍，支持沙皇復位的軍隊則稱為白軍。

列寧

## 戰爭結束，沙皇過世

1918年3月，俄羅斯退出第一次世界大戰，與德國簽訂《布列斯特－立陶夫斯克條約》。4個月後的1918年7月16日，布爾什維克處死沙皇一家。俄羅斯內戰又持續了5年，紅軍在1923年取得勝利，列寧成立蘇維埃聯盟，簡稱蘇聯。

# 法西斯主義興起

第一次世界大戰期間，漸漸出現一種稱為法西斯主義的極端政治。法西斯主義認為，社會上的每個人都必須為獨裁者的意志服務，而且軍事行動會為國家帶來榮耀。

## 義大利的法西斯主義

墨索里尼是義大利國家法西斯黨的領導人。法西斯黨身穿黑衫，常向其他政敵發動激烈攻擊。墨索里尼對義大利政府不滿，於1922年10月在羅馬率領群眾示威遊行。義大利國王埃馬努埃萊三世也對政府不滿，邀請墨索里尼成立新政府。墨索里尼於1925年1月自命「統帥」，成為法西斯政府的獨裁者。

fascism（法西斯主義）一字源自拉丁文的 fasces（束棒），意指一束棍子加上一把斧頭，在古羅馬時代，這是政務官的象徵，也代表他們決定生死的權力。

德國納粹黨的標誌

## 納粹的興起

由於第一次世界大戰，德國遭到協約國嚴厲懲罰，不得不支付鉅額賠款，德國經濟因此陷入困境。在貧困而痛苦的氣氛中，納粹黨的支持度上升。在希特勒的領導下，納粹黨勢力愈來愈大，到了1932年，它成為稱為「帝國議會」的德國議會最大政黨。1933年1月，希特勒成為德國總理，接著在1934年8月，他自命為「元首」，成為德國領導人。

## 西班牙內戰

1936年7月18日，在佛朗哥將軍的領導下，西班牙軍隊起兵造反。反對他們的共和軍在一些地方成功鎮壓造反行動，包括首都馬德里。血腥的西班牙內戰就此爆發，國民軍獲得德國和義大利的支援，而共和軍則有數千名外國人加入，組成「國際縱隊」。經歷3年多的戰爭，國民軍迫使共和軍投降，佛朗哥成為西班牙領袖，施行獨裁政治，直到1975年過世才結束。

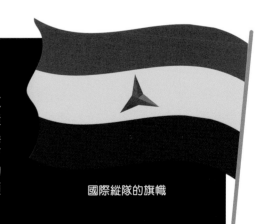

國際縱隊的旗幟

第一次世界大戰後只過了**21**年，就發生了另一場席捲各國的全球性戰爭，由德國、義大利、日本率領的軸心國，對抗由蘇聯、英國、法國和美國率領的同盟國。這場戰爭簡稱為二戰。

## 開戰前夕

整個1930年代，日本、義大利和德國決心拓展領土。1932年，日本進攻滿州國（位於今中國境內），而義大利在1935年侵略阿比西尼亞（今衣索比亞）。德國擴張邊界，把奧地利和一部分的捷克斯洛伐克納為己有。同盟國決定結盟保護彼此，抵抗這三國進一步的擴張。德國與蘇聯先簽訂秘密條約，同意共享波蘭領土，不攻打彼此，接著德國在1939年9月1日進攻波蘭。兩天後，英國向德國宣戰。

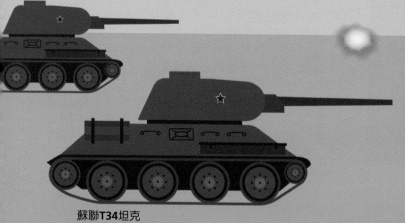

## 陸戰

各國都極力避免陷入一戰的壕溝戰。此外，陸地戰場擴及的範圍相當廣泛，包括熱帶島嶼到冰封山脈，開放草原到濃密叢林。士兵使用來福槍、手槍和機槍作戰，通常也會配備坦克和火炮。

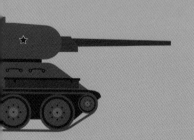

蘇聯**T34**坦克

## 海戰

德國像一戰一樣派出U型潛艇（見102~103頁），在大西洋攻擊同盟國的運輸船隊。不過二戰和一戰的重大差異之一，就是大量使用航空母艦，再對敵軍陣地和船隻進行空中攻擊。成功案例包括：由英國皇家海軍執行的塔蘭托戰役，日本發動的珍珠港戰役，以及日本和美國對戰的中途島戰役，證明航空母艦是海軍艦隊中最重要的船隻。

## 空戰

比起一戰，轟炸機在二戰期間更常用來攻擊敵軍陣地和城市。數量龐大的轟炸機隊攻擊工廠、造船廠和城市，有時會派出數量超過1,000架的轟炸機。

1940年的整個夏天，德國不斷向英國發動空襲，轟炸飛行場和城市。但德軍未能摧毀英國皇家空軍。由於德國無法取得空中優勢，不得不放棄侵略英國的計畫。後來，同盟國的空中攻擊摧毀了許多德國城鎮，無數平民因此喪命。

德軍使用坦克、飛機和部隊進行合作無間的「閃電戰」。開戰初期，德軍以閃電戰進攻荷蘭、比利時、法國，後來也以此戰略攻擊蘇聯，都達成豐碩的戰果。

德國以俯衝轟炸機為輔助，掩護前進的坦克與部隊。

美國B17
空中堡壘轟炸機

## 大屠殺

納粹自認是「優越種族」，把他人都視為「低劣」種族，一心想除掉這些人。納粹特別討厭猶太人，設立猶太人隔離區，猶太人只能在裡面生活。納粹控制愈來愈多的猶太人，最後想出了「最終解決方案」：大量屠殺猶太人。他們建立集中營，把猶太人和其他東歐民族都送進集中營工作，再將他們送進毒氣室。

住在納粹占領區的猶太人，都必須戴上大衛星標誌。

二戰期間，
總計超過
**600萬名**
猶太人在集中營喪命。

## 二戰結束

中途島一役（1942年6月）、第一場阿拉曼戰役（1942年7月）和史達林格勒一役（1942年8月~1943年2月），分別阻斷了軸心國在太平洋、非洲和東歐的攻勢。接著，同盟國開始逼退軸心國。義大利在1943年9月投降，同盟國則於1944年6月，從法國北部登陸歐洲本土。德國最終在1945年5月投降。日本繼續作戰，但兩顆原子彈分別投在廣島和長崎，迫使日本在1945年8月投降，二戰就此結束。

投在廣島的
原子彈

## 第五章

今日世界

# 冷戰

二戰結束後，同盟國分裂成兩個陣營，形成表面和平、私下較勁的局面。一邊是西方國家，包括美國、英國和法國。另一邊則是由蘇聯領頭的東歐國家。這段不穩定的和平時期稱為「冷戰時期」。

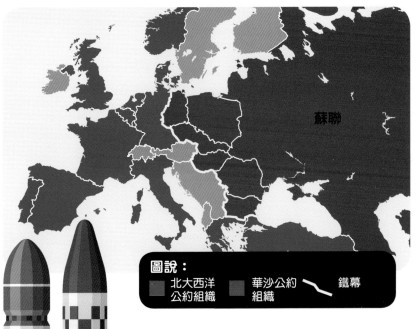

蘇聯

**圖說：**
- 北大西洋公約組織
- 華沙公約組織
- 鐵幕

## 鐵幕

英國首相邱吉爾形容，有道「鐵幕」分隔了兩個陣營，西方採取資本主義，東歐則實行共產主義，兩邊都批評對方的政治系統。原本統一、夾在雙方中間的德國，分裂成兩個國家：西邊是德意志聯邦共和國，簡稱西德；東邊是德意志民主共和國，簡稱東德。

## 華沙公約組織對抗北大西洋公約組織

鐵幕的兩邊各自組成軍事聯盟。西方成立北大西洋公約組織，簡稱北約，不管是哪一個國家遭到攻擊，其他北約國家都承諾會幫忙禦敵。共產主義國家則組成華沙公約組織。

## 軍備競賽

不管是哪一方，都全力製造最強大的武器，特別是核子武器。美國和蘇聯開始製造愈來愈多的核子武器。到了1980年代中期，美國有能力生產超過20,000顆彈頭，而蘇聯可以生產近40,000顆彈頭，但根據研究，雙方只需要1,600顆彈頭就能徹底摧毀彼此。這種機制稱為「相互保證毀滅」，英文簡稱為MAD。自此之後，各國試圖簽訂限制核武數量的條約。

# 太空競賽

蘇聯和美國都認為，征服太空是軍備競賽中很重要的一步。只要把火箭送到大氣層之外，就能監視敵人，也可以出其不意地攻擊敵人。

## 迴紋針行動

二戰快結束時，德國發展了V-2火箭，並攻擊同盟國的城鎮。二戰結束時，蘇聯和美國都想盡辦法延攬德國火箭科學家。美國在最高機密任務「迴紋針行動」中，將1,600名德國科學家和他們的家人，從德國送到美國。蘇聯也有稱為奧索維阿欣行動的類似任務，將2,200名科學家帶到蘇聯。

**V-2**

## 史波尼克

二戰後，雙方在接下來的幾年間不停發展火箭科技，把人造物體送上地球軌道。這場競賽由蘇聯取得首勝，他們在1957年10月4日將史波尼克1號送上地球軌道。

史波尼克1號

## 第一個進入太空的人

蘇聯保持領先優勢，成功將一隻名叫萊卡的狗送上地球軌道，接著在1959年發射月球2號，這是第一個抵達月球的探測器。1961年4月，蘇聯太空人尤里·加加林搭乘沃斯托克1號，成為史上第一個進入地球軌道的人。不到一個月，美國人艾倫·雪帕德成為第一個進入太空的美國人，但他並未繞行地球。一直到1962年2月，約翰·葛倫才成為第一個進入地球軌道的美國人。

沃斯托克1號

加加林搭乘沃斯托克1號，飛行了108分鐘。

## 月球競賽

美國輸掉第一階段的太空競賽，決定把注意力轉到月球和阿波羅計畫。華納·馮·布朗因迴紋針計畫而從德國移居美國，在他的領導下，美國在整個1960年代都致力於發展巨大的農神5號火箭。經歷了4天的飛行，美國終於達成任務，尼爾·阿姆斯壯在1969年7月16日成為第一個踏上月球的人。

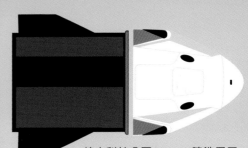

航太科技公司SpaceX建造了天龍號太空船，可將人員與貨物送進太空。

## 其他爭奪太空優勢的國家

自太空競賽展開以來，美國和俄羅斯在太陽系的所有行星都執行過各種任務，也建造可重複使用的太空飛行器，以及可供太空人居住數個月的太空站。中國和印度也進行各種以地球軌道、月球和火星為目標的任務。民間私人公司也開始建造太空飛行機，為太空站提供物資，甚至打算把太空人送到火星。

UNITED STATES

USA USA

農神5號

# 殖民統治的結束

1939年之前，以歐洲國家為主的西方世界，經過數百年的探險與征服，控制了地球上大部分地區，形成數個廣大帝國。但是各國在二戰都付出沉重代價，再加上美國與蘇聯的施壓，以及各地人民紛紛要求自治，這些帝國漸漸瓦解。

## 非洲

二戰結束時，非洲只有4個獨立國家：賴比瑞亞、埃及、衣索比亞和南非。自1950年代開始，幾乎所有非洲國家都迅速取得獨立，到了1980年代，歐洲不再統治非洲大陸。改變過程中往往發生許多暴力衝突，比如阿爾及利亞反抗法國統治，安哥拉反抗葡萄牙統治，肯亞反抗英國統治。

## 印度分治

1947年，英國把印度殖民地切割成兩大區塊：印度共和國和巴基斯坦自治領（今巴基斯坦和孟加拉）。這種以兩邊人口的主要信仰為劃分基礎的作法，造成多達1,000~1,200萬人流離失所，並在這些人前往新家園的過程中引發難民危機。此舉也引發暴力衝突，多達200萬人因而喪命。

## 中東

隨著以色列在1948年建國，英國對中東的控制也隨之崩解。英國為了保護與阿拉伯各國的關係，反對以色列建國。1956年，英國試圖從埃及手中奪取蘇伊士運河的控制權，進一步削弱他們在中東的勢力。在美國與蘇聯的施壓下，英軍不得不撤離中東。

## 東南亞與太平洋

美國在1946年允許菲律賓群島獨立。1949年，荷蘭殖民地荷屬東印度經過激烈抗爭後，成為印尼。日本投降後，法國試圖重新控制殖民地越南，但是當地的共產黨很快就起身反抗。越南共產黨在1954年的奠邊府戰役擊敗法軍，迫使法國放棄越南。英國放棄許多殖民地的控制權，包括緬甸和錫蘭（1948年）、英屬馬來西亞（1957）、新加坡（1963）和汶萊（1984）。

## 美洲

加勒比海群島分別由英國和荷蘭控制。荷蘭在1975年同意蘇利南獨立，英國則在1962年（牙買加）到1983年間（聖基特和尼維斯）同意各殖民地獨立。

# 共產主義的沒落

自**1950**年代開始，東歐出現許多反對共產主義政府的起義與抗議行動，比如**1956**年的匈牙利和**1968**年的捷克斯洛伐克。**1980**年代末，民間壓力迫使歐洲的共產政府在幾年內紛紛垮台。

## 共產主義開始消失

1980年代初，波蘭勞工組成名為「團結」的工會聯盟，迫使波蘭政府做出改變。1980年代末，團結工會聯盟說服波蘭政府舉辦選舉，並在1989年6月的選舉中大獲全勝，迫使共產政府下台。1989年6月還發生另一件大事，匈牙利開放與奧地利的邊界，讓人民得以自由前往西方。

## 歐洲其他地方的情況

其他共產政府也漸漸失勢。阿爾巴尼亞和南斯拉夫分別在1990年、1992年放棄共產主義，南斯拉夫分裂成克羅埃西亞、塞爾維亞等不同國家。捷克斯洛伐克在1989年，以和平的「天鵝絨革命」推翻共產主義政府，接著在1993年分裂為捷克共和國和斯洛伐克。在羅馬尼亞，權力轉換的過程就不是那麼平和，領導人尼古拉·西奧塞古遭到處決。

離柏林圍牆不遠的布蘭登堡門

## 德國統一

隨著其他共產國家的人民獲得移動的自由，東德人也紛紛在各地示威，要求取得移動的自由。1989年11月，東德政府宣布開放邊界，隨後數週人民開始摧毀自1961年起便將柏林分成兩邊的柏林圍牆。隔年1990年10月，東西德統一，合併為德國。

## 世界各地的情況

隨著共產主義政權在歐洲紛紛垮台，其影響力也擴及世界各地。1990~1992年間，蒙古、衣索比亞、東埔寨、貝南、安哥拉、南葉門、莫三比克、索馬利亞，以及阿富汗都脫離共產主義的掌控。

## 蘇聯的分裂

1991年7月，《華沙公約》（見109頁）結束，美國和蘇聯簽下協議，冷戰就此畫下句點。蘇聯領導人戈巴契夫推行許多新政策，削弱共產黨勢力。1991年8月發生一場失敗的政變，加快了蘇聯改革的腳步，所有共產活動都遭到禁止。最後，蘇聯分裂成十幾個國家，包括拉脫維亞、立陶宛、愛沙尼亞、烏克蘭、哈薩克和喬治亞等國。

**圖示：**

| | |
|---|---|
| ■ 愛沙尼亞 | ■ 摩爾多瓦 |
| ■ 拉脫維亞 | ■ 烏克蘭 |
| ■ 立陶宛 | ■ 喬治亞 |
| ■ 白俄羅斯 | ■ 亞美尼亞 |
| ■ 亞塞拜然 | ■ 土庫曼 |
| ■ 烏茲別克 | ■ 哈薩克 |
| ■ 吉爾吉斯 | ■ 塔吉克 |
| ■ 俄羅斯 | |

## 現今的共產國家

如今，世上只有5個由共產黨政府控制的國家：中國、古巴、北韓、寮國和越南。

中國

古巴

北韓

寮國

越南

氣候專家研究長期紀錄與樣本，發現100多年來，地球溫度一直在上升。雖然上升幅度不大，但變暖的速度正在加快，若是再不有所作為，未來恐怕將面臨災難性的後果。

## 氣候變遷

地球變暖，冰冠就會融化，住在那兒的動物也會面臨棲地縮小的危機。白雪和冰塊反射的太陽能量也會減少，代表地球會吸收更多的熱能。融化的冰冠會讓海水增加、海平面上升，地勢較低的島嶼和沿岸地區都會被淹沒。變暖的海水和增加的二氧化碳會增加海水酸度，造成許多動植物難以存活。隨著地球吸收更多來自太陽的能量，大氣也會出現更多亂流，颶風等極端天氣事件也會變得更加頻繁。

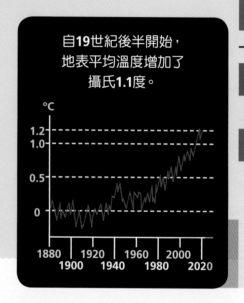

自19世紀後半開始，地表平均溫度增加了攝氏1.1度。

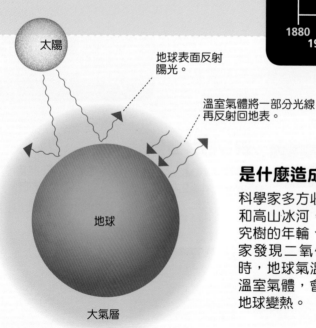

太陽

地球表面反射陽光。

溫室氣體將一部分光線再反射回地表。

地球

大氣層

### 是什麼造成氣候變遷？

科學家多方收集各種資料，包括在南北極和高山冰河，收集冰塊中央的樣本，也研究樹的年輪、珊瑚礁和海洋沉積物。科學家發現二氧化碳和某些氣體的濃度上升時，地球氣溫也同步上升。這些氣體稱為溫室氣體，會把太陽能量留在大氣裡，讓地球變熱。

## 濃度上升

科學家發現，自從工業革命開始，大氣的二氧化碳濃度就大幅增加。這是燃燒化石燃料等人類活動所造成。

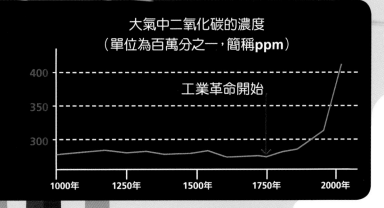

大氣中二氧化碳的濃度
（單位為百萬分之一，簡稱ppm）

400

350

300

工業革命開始

1000年　1250年　1500年　1750年　2000年

## 協議

自1990年代開始，各國政府都在討論如何阻止地球暖化，因此簽下數個國際協議，包括1997年的《京都議定書》（於2005年生效），和2016年的《巴黎協定》。這些協議試圖限制溫室氣體排放量，減緩氣溫上升的速度。

## 再生能源

限制各國的溫室氣體排放量，促使各國紛紛尋找其他方法來開發能源、運輸貨物與乘客。再生能源包括：使用水壩和潮汐發電廠的水力發電，使用風力渦輪機的風力發電，以及太陽能。我們可以用電池儲存再生能源產生的電力，但製造電池會用到礦物和化學物質，挖礦過程也會製造許多污染。

# 經濟強國

放眼**20**世紀和**21**世紀初，財富和經濟霸權已流向以能源與科技為基礎的國家。

國內生產毛額（**GDP**）是一國的產品與服務總額，我們依此衡量一國的富裕程度。

## 美國

100多年來，美國一直是世上最富裕的國家，現今美國的GDP超過21兆美元。醫學、電腦、太空和軍事設備等先進科技，推動了美國的經濟。

## 產油國

1960年9月，許多生產石油的國家組成「石油輸出國家組織」（OPEC）。這些國家共同決定生產多少石油，以控制油價。因此，許多產油國都變得非常富有。

美國人擁有的手機超過美國人口數，每**100**人約有**125**支手機。

## 歐洲聯盟（簡稱歐盟）

二戰結束後，許多歐洲國家組成共同經濟體。多年來，歐盟的勢力不斷擴大，今天共有27個成員國（英國在2020年退出歐盟），大部分的歐盟國家使用同一種貨幣。

## 中國

自1970年代起，中國不再由國家控制經濟，實施經濟開放政策。因此中國變得愈來愈富有，成為世上最大的出口國，以及全球貿易量第一的國家。中國的GDP超過14兆美元，僅次於美國。中國的GDP以傳統製造業為主，但高科技展業發展快速。

## 印度

印度和中國一樣，近年的經濟快速發展，GDP將近3兆美元，是世上排名第五的富裕國家。印度的GDP大部分來自服務業，比如資訊科技和軟體。

科學發展讓人們得以迅速前往遠方，處理大量資訊，讓世上不斷增加的人口都有食物可吃並獲得保護。

## 電腦與人工智慧

最早期的電子數位計算機使用許多龐大的閥進行計算，因此早期電腦的體積非常龐大也非常耗電。1950年代末，積體電路（也稱為微晶片）問世，緊接著出現了體積輕巧的電腦，帶動資訊科技的革新。現代的微晶片每秒可進行數百萬次的運算，執行許多令人驚奇的任務。電腦的其中一個功能，就是學習它們執行的任務與各種變化，並依此改變行為模式，這就是所謂的人工智慧（AI）。自動駕駛的車輛就運用了人工智慧，我們也透過人工智慧處理龐大的資料。

## 網際網路

網際網路在1960年代末問世，早期是連接數台電腦、分享資訊的網絡。這個網絡很快就進一步擴張，如今，超過一半的人口利用網際網路傳遞訊息、取得資訊。

## 運輸科技

人們在1928年發明噴射引擎，並於二戰期間首次安裝在飛機上。後來出現更強大、效能更佳的引擎，讓飛機得以承載數百人，在數小時內飛到世界的另一端。而在陸地，汽車與卡車的內燃引擎，漸漸由電動馬達或油電混合系統取代，以降低廢氣造成的空氣污染。

美國在**1940年代**建造的電子數值積分計算機（**ENIAC**）非常龐大，足以占據一整個長**15公尺**、寬**9公尺**的空間。

## DNA與生物科技

科學家在1953年發現去氧核醣核酸（DNA）的結構，它是告訴細胞怎麼運作的遺傳密碼。這個發現刺激了生物科技的進展。現在，科學家可以改變動植物的基因，藉此改變其生長與行為模式。透過這種技術，我們得以生產產量更大的農作物，製造保護我們的疫苗。

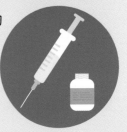

## 2畫

### 人族
靈長目下的一族,現代人類和人類的史前祖先都屬於人族。

### 十字軍東征
基督教軍隊為了奪取聖地所發動的一連串戰爭。聖地指的是今以色列、巴勒斯坦和敘利亞一帶。

## 4畫

### 中世紀
指西羅馬帝國滅亡到文藝復興前的時期。

### 中石器時代
舊石器時代和新石器時代之間的時期。

### 中東
地中海東岸和亞洲之間,以及現今伊朗一帶的地區。

### 中部美洲
是一個歷史上的地區和文化區,地理上位於北美洲。覆蓋區域從中部墨西哥延伸經過貝里斯、瓜地馬拉、薩爾瓦多、宏都拉斯、尼加拉瓜,一直到哥斯大黎加北部。

### 內戰
指一國的兩個不同團體對戰。

### 天文學
研究行星、恆星和星系等太空物體的科學。

### 文藝復興
歐洲的一個時期,此時歐洲人再次受到古希臘與古羅馬的文化吸引。

## 方陣
一群士兵緊靠在一起組成的陣式。在古希臘,重裝步兵會組成方陣,將手中的盾牌挨在一起彼此相疊,長槍一致向外。

### 日本武士
日本特有的一個戰士階級。

### 水道橋
用來運水的長橋,被當作運河或城市的輸水道。

### 王朝(朝代)
一國君主都由同一家族的人擔任的時期。

## 5畫

### 北約
北大西洋公約組織簡稱,英文縮寫為NATO。加入北約的國家同意一旦有會員國遭到攻擊,就會協調各國軍隊,保護彼此。

### 民主制度
一種政治制度,由人民投票選出國家領導者。

### 石器時代
人類以石頭製作工具和武器的時期。

## 6畫

### 先知
先知認為自己的人生使命是告訴人們,神希望他們怎麼做。

### 光學
研究視覺與光的科學。

**共和國**
由人民選出執政者的國家。

**共產制度**
一種政治制度,相信所有人都是平等的,而不動產、企業與產業都應該歸國家所有。

**冰河期**
氣溫比現在低的時期,當時巨大的冰層覆蓋了地球表面。地球誕生以來經歷過數段冰河期。

**同盟**
不同團體或國家,為了合作或幫助彼此而達成正式協議,組成同盟。

**如恩文字**
數百年前,住在歐洲北部的民族所使用的一種由銘刻字母組成的文字系統。

**百夫長**
古羅馬軍隊的一種軍官。

**米諾陶洛斯**
希臘神話中一個半人半牛的怪物。

# 7畫

**冷戰**
指二戰結束後的45年間,西方的資本主義國家和東歐的共產主義國家沒有直接開戰,處於表面和平、暗中較勁的狀態。

**希臘重裝步兵**
古希臘的一種步兵,通常會配備劍與長槍,頭戴飾有羽毛的頭盔,手持盾牌,腿上套著金屬製的護脛甲來抵禦攻擊。

**步槍**
一種早期的火槍,從光滑的槍炮管射出金屬球。

# 8畫

**宗教改革**
16世紀發生的宗教運動,不但改變了天主教會,也建立了新教。

**征夷大將軍**
指一連串掌握日本實權的軍事首領,削弱日本天皇的重要性。

**武士道**
日本武士遵循的榮譽規範,強調忠誠、勇氣和自律的重要。

**法老**
古埃及君主的頭銜。

**波耳人**
住在南非的荷蘭後裔。

**肥沃月彎**
橫跨中東的一個新月型地區,這裡是最早出現農業的地方。

**附庸國**
被另一個國家統治的國家。

**青銅器時代**
距今3,000~8,000年前的時期,當時的人利用銅和錫製作青銅,再用青銅製成各種工具和武器。

# 9畫

**封建制度**
歷史常見的一種政治制度,一國君主把土地分發給其他人,地主則提供君主軍隊、財源,為君主工作。

**封鎖**
阻止補給品、食物和人進出城鎮、都市或地區的行為。

### 帝國

當一國的統治者（皇帝或皇后）同時治理數個國家或地區，這些國家或地區就形成一個帝國。

## 10畫

### 氣候變遷

指地球氣候的變化，特別是全球平均溫度上升的現象，這是二氧化碳等溫室氣體濃度增加所造成。

## 11畫

### 偵察

收集關於敵軍武力與位置的情報。可透過飛機、衛星，或派出士兵監測敵軍動向，來收集這些情報。

### 啟蒙時代

歐洲在17、18世紀興起的哲學運動，提倡平等、自由與包容等觀念。

### 國內生產毛額

一國一年所生產的產品和勞務總值。

### 教宗

羅馬天主教會的領袖，住在義大利羅馬的梵蒂岡。

### 梭織機

一種把紗和線織成布料的機器。

### 陸橋

連接兩大陸塊的狹長陸地。在冰河時期，海平面下降，就會露出陸橋。

## 12畫

### 斯堪地那維亞

一個涵蓋現今瑞典、挪威、丹麥的地區。

### 殖民地

當一個聚落或國家被另一個更強大的國家控制，前者就成了後者的殖民地。

### 游牧

指一群人為了尋找食物和水源，不斷從一地搬到一地，而不會在一個地方定居下來。

### 絲路

橫跨亞洲，連接中國、中東和歐洲的陸上與海上貿易網絡。

### 象形文字

使用小型圖畫或符號代表文字、聲音、字母的書寫系統。

### 黑暗時代

指的是歐洲自西元500年左右，從西羅馬帝國滅亡到接下來近1,000年間的時期，在文藝復興前結束。此時也稱為中世紀或中古時期。

## 13畫

### 傳說

口耳相傳的長篇故事。

### 新石器時代

石器時代最後一個時期，接在中石器時代之後。

### 溫室氣體

造成溫室效應的氣體，如二氧化碳和甲烷等氣體，會把太陽能量留在地球的大氣中。

### 滅絕

指一個物種徹底從一個地區或整個地球上消失。

### 聖地

位在中東，相當於今以色列、巴勒斯坦和敘利亞一帶，《聖經》中大部分的事件都發生於此。

## 解放
指讓某個人獲得自由，例如解放奴隸就是讓奴隸重獲自由。

## 資本主義
一種政治制度，在這種制度下，不動產和企業屬於個人，不屬於國家。

## 馴養
人們利用或控制野生動植物，好幫助人類或成為人類食物來源的過程。有時人類會挑選對自己比較有利的動植物加以培育繁殖，改良它／牠們的特徵。

# 14畫

## 遠征
派一群人進行一場經過仔細規畫的旅程，目的有時是探索某個地區，有時則是把本國影響力擴張到另一個地區。

# 15畫

## 遷徙
通常為了尋找食物、水源和居住地，而從一地移動到另一地的行為。

# 16畫

## 獨立
拒絕另一個國家或勢力統治，贏得自治的權利。

## 霍亂
一種致命疾病，傳播途徑是食用受污染的食物或飲用受污染的水。

# 17畫

## 錘石
石器時代一種被當作工具使用的大石頭，可用來劈開食物，或其他石頭以得到尖銳的邊角。

# 18畫

## 舊石器時代
石器時代最早的一個時期，在中石器時代之前。

## 鎖子甲
一種會隨身體移動的輕巧盔甲，以許多相連的小金屬圈製成。

## 雙輪戰車
在古代，這是一種靠馬、驢子甚至牛隻拉動的雙輪車輛，用於作戰或競賽。

## 騎兵
過去指的是軍隊裡騎馬作戰的兵士，但現代戰爭以裝甲車輛甚至直升機來取代馬匹。

# 21畫

## 灌溉系統
一種以水道和水管組成的系統，目的在於讓農作物都能得到水分。

## 鐵幕
冷戰期間，一條位於歐洲，將東歐的共產主義國家和西邊的資本主義國家分開的界線。

## 鐵器時代
青銅器時代之後就是鐵器時代，人們開始用鐵製作工具和武器。

# 索引

# 致謝名單

圖片來源
FC：封面，BC：封底，t：上方，b：下方，l：左邊，r：右邊，c：中間。

3tl, 13c Vectors Bang/Shutterstock, 3c, 3cb, 66c Macrovector/Shutterstock, 3cl kontur-vid/Shutterstock, 3cr, 25b, 71tr, 71b Zvereva Yana/Shutterstock, 3bl VectorShow/Shutterstock, 3br NotionPic/Shutterstock, 4tl, 8 song_mi/Shutterstock, 4tc, 20 Amanita Silvicora/Shutterstock, 4tr, 6-7, 48, 74tl, 74bl FANDESIGN/Shutterstock, 5t, 111bl joshimerbin/Shutterstock, 5tl, 76, 104cl, 104b artcarttreasures/Shutterstock, 5tc Husni Tawil/Shutterstock, 5tr Tomacco/Shutterstock, 5cr LeoEdition/Shutterstock, 5br Achmad Agus Ilyas/Shutterstock, 5b r.kathesi/Shutterstock, 13tr, 13tc, 13r, 28cl StockStartSmart/Shutterstock, 17br Rvector, 18-19b, 119br foodonwhite/Shutterstock, 21r delcarmat/Shutterstock, 21b, 25cl, 26b Jamshed Hameed, 23tl Carboxylase/Shutterstock, 23br Hannadii H/Shutterstock, 24b matryoshka/Shutterstock, 25tl Hibrida/Shutterstock, 27l tan_tan/Shutterstock, 27r GoodStudio/Shutterstock, 28cr vector_plus/Shutterstock, 28bl Xelbr/Shutterstock, 29r joshimerbin/Shutterstock, 32l lady-luck/Shutterstock, 32-33b LineTale/Shutterstock, 33t MuchMania/Shutterstock, 36b GoodStudio/Shutterstock, 37t vectorOK/Shutterstock, 37c RedlineVector/Shutterstock, 37b narak0rn/Shutterstock, 38t, 38bl, 39b GoodStudio/Shutterstock, 38cr, 47l delcarmat/Shutterstock, 39tr Bahau/Shutterstock, 41b NTL studio/Shutterstock, 42-43b, 47tl, 47r, 75b, 83t, 83b, 85bl Sentavio/Shutterstock, 43tr Rainer Lesniewski/Shutterstock, 46bl around_the_whole_world/Shutterstock, 49br Dusan Pavlic/Shutterstock, 51tr Inspiring/Shutterstock, 51l Olha1981/Shutterstock, 51br Tomacco/Shutterstock, 52bl amino/Shutterstock, 53t LeoEdition/Shutterstock, 53b Moirangthem Surajit Singh/Shutterstock, 54c grebeshkovmaxim/Shutterstock, 54-55b asantosg/Shutterstock, 55r elm/Shutterstock, 57r patrimonio designs ltd/Shutterstock, 57b Marek Psenicka/Sutterstock, 59br, 92bl PANGI/Shutterstock, 60br, 67c, 92c Sentavio/Shutterstock, 63t NotionPic/Shutterstock, 64tl Bahau/Shutterstock, 66c, 69l Siberian Art/Shutterstock, 68b GoMixer/Shutterstock, 69tr, 116bl Spreadthesign/Shutterstock, 70bl BSVIT/Shutterstock, 71tl Artisticco/Shutterstock, 72br BlueRingMedia/Shutterstock, 73t ONYXprj/Shutterstock, 73cr maximmmmum/Shutterstock, 73br aliaksei kruhlenia/Shutterstock, 74c, 77bl, 78br, 88tl, 88b, 89tr, 89br delcarmat/Shutterstock, 77l,

106-107c Leandro PP/Shutterstock, 77r NGvozdeva/Shutterstock 78bl Evgeniy Kazantsev/Shutterstock, 79tr Grimgram/Shutterstock, 79bl Naci Yavuz/Shutterstock, 80bc, 85tr grebeshkovmaxim/Shutterstock, 81bl kryptnknight/Shutterstock, 84bl Mark Brandon/Shutterstock, 86bl Yolgezertan/Shutterstock, 87b madjembe/Shutterstock, 88-89 Nazhul/Shutterstock, 90tr, 95cl HappyPictures/Shutterstock, 91br Annalisa Jones/Shutterstock, 92tl Singha Songsak P/Shutterstock, 93l Tata Donets/Shutterstock, 93r Marko Cermak/Shutterstock, 93b Artem Efimov/Shutterstock, 94tr Sergey Merkulov/Shutterstock, 94b robuart/Shutterstock, 95tr VectorVicePhoto/Shutterstock, 95cr ollytheoutlier/Shutterstock, 95b Looper/Shutterstock, 98c Rainer Lesniewski/Shutterstock, 98bl Werkat/Shutterstock, 99c Tashal/Shutterstock, 100l ByEmo/Shutterstock, 100b MicroOne/Shutterstock, 104tr Olga Zelenkova/Shutterstock, 105tr Heraldica358/Shutterstock, 106bl Mr. pummipat marat/Shutterstock, 107tr John Vector/Shutterstock, 107br fastfisson, 108 Husni Tawil/Shutterstock, 109bl VectorShow/Shutterstock, 110l BigAlBaloo/Shutterstock, 110c kontur-vid/Shutterstock, 111t vectorOK/Shutterstock, 114bl kozhedub_nc/Shutterstock, 115cl oleschwander/Shutterstock, 115c N.Vector Design/Shutterstock, 115bl imaskul/Shutterstock, 115bc, 115br Gil C/Shutterstock, 117t r.kathesi/Shutterstock, 117br Mascha Tace/Shutterstcok, 118t charnsitr/Shutterstock, 118c Sasha Balazh/Shutterstock, 118cr Ka4an/Shutterstock, 118cl T. Lesia/Shutterstock, 118br oleschwander/Shutterstock, 118bl charnsitr/Shutterstock, 119tl Macrovector/Shutterstock, 119bl petovarga/Shutterstock, 119br Achmad Agus Ilyas/Shutterstock.